CHRONOS

María Cristina Iglesias Llorente
(Crismitra)

En Brazos Del Destino
Una vida de viajes y desapego

europa
ediciones

© 2024 **Europa Ediciones** | Madrid
www.grupoeditorialeuropa.es

ISBN 9791220146371
I edición: Enero del 2024
Depósito legal: M-35204-2023
Distribuidor para las librerías: **CAL Málaga S.L.**

Ilustración de Cubierta: **Manuela Labita**

Impreso para Italia por *Rotomail Italia S.p.A. - Vignate (MI)*
Stampato in Italia presso *Rotomail Italia S.p.A. - Vignate (MI)*

En Brazos Del Destino
Una vida de viajes y desapego

OM GAM GANPATAYE NAMAHA

En memoria de mi sobrina Ana Catalina (2009-2023)

«Pensaba que era valiente hasta que te conocí».

Índice

Prólogo

Cuando en el verano de 2023 vi un anuncio de Europa Ediciones pidiendo historias de vida para su Proyecto Chronos, supe que era una señal.

Había comenzado a escribir mi biografía viviendo en Varanasi, India, en el verano del 2019. A lo largo de los años habían sido muchas las personas que, al escuchar las anécdotas o historias que les contaba, me decían: *"Deberías contar tu vida"*. Pero pensaba que hacerlo sin más no tenía sentido. Quería encontrar un motivo, algo que sirviera a otros cuando la leyeran. Y ese motivo llegó en junio de ese mismo año durante un viaje en Creta (Grecia). Había ido con mi hija, unas amigas de España y Héctor, el hijo de una de ellas. Durante los trayectos hablábamos sobre mi vida allí y, en un momento dado, él me dijo: *"Tendrías que publicar un libro con tus experiencias para ayudar a la gente a que no tenga miedo de vivir sus vidas, para que sean valientes y cumplan sus sueños"*.

Ahí encontré la clave. Que mi vida sirviera de inspiración para otras personas me motivó, así que, cuando volví a India, me puse a ello. Sin embargo, la pandemia hizo que no pudiera seguir con mi proyecto, que quedó en un cajón. Muchas cosas cambiaron desde aquel 2019 a este momento presente.

Esta biografía está escrita, ante todo, desde el corazón. No me he ocultado, sino que me he mostrado tal y como soy, con el riesgo que ello conlleva. Pero si hay algo que he valorado siempre es la autenticidad y la sinceridad, por eso me desnudo en las palabras que componen esta obra.

Es importante, antes de comenzar este libro, entender que todo lo que cuento es desde mi lado de la «película». Puede haber acontecimientos en los que aparecen terceras personas que no estén de acuerdo con lo que yo relato. Ha habido en mi vida situaciones, vivencias de las que no me siento orgullosa, pero que me han ayudado a ser quien soy hoy. También hay sucesos por los que he pasado que mis padres no conocen, y aún hoy, me cuesta desvelárselos. Hay momentos dolorosos provocados por relaciones conflictivas, de las que no quiero que nadie se sienta culpable. Muchas experiencias, en fin, que de algún modo me han bloqueado estos años, impidiéndome abrir mi corazón al mundo. Sin embargo, ahora siento que ha llegado la hora de compartir, y, quién sabe, tal vez servir de inspiración. Espero que nadie se ofenda al leer mis palabras, pues en ningún caso pretenden herir, recriminar o dañar a ninguna persona. Soy muy consciente de que lo que nos ocurre es lo que nos tiene que ocurrir para aprender. Y aunque suene como un tópico, una frase hecha del nuevo milenio, para mí es una realidad de la que vivo muy consciente. Así que, personas aludidas: no os sintáis ofendidas porque habéis aportado mucho a mi vida, y os estoy inmensamente agradecida por cada instante que me habéis regalado.

Por motivos de privacidad, muchos de los nombres que utilizaré a lo largo del texto serán ficticios; otros son los nombres reales de las personas que me han autorizado a usarlos.

Quiero dar las gracias a mi hermano Javier y a mi hija Ananda, porque sin su apoyo este proyecto no hubiera sido posible. También me gustaría dar las gracias a mis compañeros de trabajo actuales, Patricia y Carlos, que fueron los primeros en animarme a embarcarme en este periplo. Gracias a mi querida amiga Nuria por estar al otro lado de esta biografía, ayudándome a darle más forma, y a mi amiga Manuela por regalarme el precioso retrato que ilustra la portada. Y, finalmente, GRACIAS a los cientos de personas que aparecen en esta biografía, sin las cuales mi historia no hubiera sido posible tal y como es.

Y ahora, sin más, os invito a acompañarme por este periplo que ha sido mi vida hasta ahora.

Feliz viaje.

Introducción

Según el budismo, el apego a las cosas y las personas es uno de los principales motivos del sufrimiento, pues nos crea expectativas y nos hace dependientes. Pero no se debe entender el desapego como falta de interés, sino más bien como renuncia, entendida desde un plano espiritual. Mi Maestro tibetano durante un tiempo, Sogyal Rinpoché, solía explicarlo con un ejemplo muy sencillo: *"Si te dan la ciudad de Paris, la tomas. Si te quitan la ciudad de Paris, la dejas"*. Así de fácil... ¡y de difícil!

Durante mi trayectoria, me he ido dando cuenta de que el camino que debía seguir en esta vida consistía en trabajar el desapego: vivir cada experiencia que se me presentara con plenitud, pero sin aferrarme a ella, soltándola cuando llegara el momento. Este ha sido, y sigue siendo, un aprendizaje lento y paulatino, pues requiere de mucho esfuerzo y consciencia, cualidades ambas que fluctúan cuando aún se está en proceso de crecimiento interior.

Por otro lado, confiar en el destino me ha permitido que este trabajo de desapego haya sido, de algún modo, más sencillo. Cuando entendí que lo que me sucedía en cada momento era lo que tenía que suceder y no necesariamente lo que elegía, solté las expectativas y el deseo, tratando de no aferrarme a situaciones o personas, sino dejando ir, comprendiendo que todo era perfecto, aunque a veces fuera doloroso, pues formaba parte de mi «plan de vida». Ahora, creo que hay algo más sutil que guía mis pasos, y yo solo tengo que seguir el camino que se va trazando. Por eso siento que todo lo que he vivido no constituye ningún mérito, sino que ha sido (y es) mi destino, sin más.

Siendo joven tuve que dejar atrás el lugar en el que había crecido, lo que me enseñó la importancia de adaptarse a las situaciones y dejar ir lo familiar para abrir espacio a lo nuevo.

He sufrido catástrofes que han arrasado con todo lo que poseía, como un recordatorio contundente de la impermanencia de las cosas, y de que el verdadero valor no reside en las posesiones, sino en nuestra capacidad de soltarlas sin resistencia.

He perdido a gente muy querida, marcando un punto crucial en mi camino. Confrontada con la fragilidad de la vida y la importancia de apreciar cada momento, encontré refugio en las enseñanzas budistas, que me afianzaron mi visión sobre la vida y la muerte.

Pero la prueba más grande de desapego llegó cuando tuve que dejar atrás un sueño de la infancia que se había cumplido tras muchos años, y que había capturado mi corazón de manera profunda. Ese sueño, que me había proporcionado sabiduría y crecimiento, también me retó a soltarlo y a confiar, una vez más, en el destino.

Es mi deseo que esta historia inspire a otras personas a explorar su propia relación con el desapego, pues abriendo la mano y dejando ir, vivimos más libremente; será entonces la misma vida la que nos indique el camino a seguir.

Escuchar al corazón, soltar el miedo, y confiar. Esa es mi receta.

A medida que compartas mis experiencias y reflexiones, espero que encuentres inspiración para abrazar tu propio viaje interior y descubrimiento personal.

Gracias por acompañarme. Ahora, tú también eres parte de mi destino.

Con cariño.

M. Cristina Iglesias

La esencia de las biografías

por Nuria Aragón Castro

Cuando Cristina me comentó que iba a publicar su biografía, me puse especialmente contenta. Y es que el don que tiene con la escritura es muy bello y poderoso. ¿Qué mejor sentido para él que regalárselo al mundo? También me parece una segunda profesión ideal para ella, al permitirla seguir con su estilo de vida, y tener tiempo para dedicarse a las personas social y mundialmente desfavorecidas.

Su forma de escribir, amena y ágil, cercana y sincera, amigable, sensible, abierta y entregada es puro reflejo de su carácter. Por ello, en cuanto nos conocimos hace ya varias décadas, se forjó una profunda amistad.

Una de las cosas que más me gusta de su biografía es que Cristina se muestra tal y como es, tal y como piensa, tal y como siente.

Desde que recuerdo, siempre me han gustado las biografías, tanto escritas como audiovisuales o contadas por algún desconocido. El ver como otras personas responden ante las situaciones cotidianas de la vida me ha ayudado en todo momento a entender y solventar mejor todos esos pequeños y grandes traumas y conflictos internos y externos que van surgiendo por el mero hecho de vivir. También las he empleado para entenderme a mí misma mejor, y para entender mejor a los demás, ya que me sirven para crecer en consciencia.

Gracias a ellas, las posibles interpretaciones de una situación, sea cual sea, así como sus posibles desenlaces, se incrementan en mi mente, ampliando de este modo mi ángulo de visión y las posibilidades de decisión respecto a cómo quiero o no quiero pensar, sentir y actuar.

Todo esto veo que favorece, ante todo, el desarrollo de la tolerancia y la apertura de corazón, dos cualidades imprescindibles para poder vivir en armonía y plenitud interior. Aunque, según mi criterio, se consigue de un modo mucho más efectivo y rápido si la otra persona se muestra realmente sincera en su modo de ver, pensar y sentir, algo a veces difícil de hacer por nuestros temores a herir y ser heridos.

Hace falta un gran acopio de valentía y de servicio o entrega a los demás para poder hacerlo. O de ceguera interna, cosa que no tiene Cristina. Así que no me queda más remedio que darle las gracias por su entrega y valentía. Por regalarnos su don con la escritura, amenizarnos los días, y llenarnos de creatividad ante la vida.

Gracias, Cristina, por esta biografía y por tu amistad.

Y a ti, lector, te deseo momentos de entretenimiento cargados de emociones que te impulsen a crecer en tolerancia y amor, y a aprender a entender sin juzgar los modos de ver, sentir y actuar de oras personas y de ti mismo, en aras de una mayor armonía mundial.

Amén.

Capítulo Uno

El Principio
(desde el final)

Desde el año 2012 hasta mayo de 2020, residí de manera casi permanente en la ciudad sagrada de Varanasi (Benarés), en el norte de la India. Pero, ¿cómo y porque llegué hasta allí? ¿Y qué hizo que tuviera que alejarme del lugar con el que siempre había soñado? Quizá para encontrar la razón haya que remontarse un tiempo atrás… a cuando tenía 10 años.

Era una soleada tarde de febrero. Como casi todos los fines de semana, había ido con mis abuelos a su finca de las afueras de Madrid. Pasaba allí largas temporadas, pues era mi lugar favorito en el mundo; el lugar en el que podía correr libremente, jugar con cachorritos de perro, hablar con los árboles, observar a los conejos, imbuirme de la naturaleza. Fue el lugar en el que aprendí a cavar una zanja, a regar una huerta, a apreciar el sabor de la leche recién ordeñada, o de un cocido hecho a fuego lento en la estufa de leña; el lugar en el que, en definitiva, era feliz.

Aquella tarde de febrero, mientras caminaba con mi abuela por el campo, pisé por accidente una madriguera de conejo. El terreno estaba húmedo, así que el hueco se hundió y me torcí el tobillo izquierdo. Aunque me hice daño, no parecía nada grave y, cuando vinieron mis tíos a comer, como cada domingo, mi abuela les contó lo que me había pasado. Como en un principio no me dolía mucho, pasamos el día con normalidad. Sin embargo, el dolor se fue agudizando según avanzaban las horas, así que, cuando llegué a casa por la noche, mi madre decidió llevarme de urgencias a un hospital privado de Madrid (por aquel entonces vivíamos en Pozuelo de Alarcón, una población de las afueras de la capital). Allí me hicieron una radiografía y me dijeron que era un esguince, me pusieron una férula, y me mandaron a casa.

Al día siguiente de aquel incidente comencé a tener fiebre. Mis padres llamaron al médico de cabecera, que les dijo que posiblemente fuera una infección y me mandó antipiretales. Sin embargo, la fiebre no remitía, sino que iba en aumento, así como los dolores en la pierna, que cada vez eran más intensos hasta el punto de ser insoportables, aunque ni los médicos ni muchas personas de mi alrededor le daban gran importancia: *"Es solo un esguince"* –me decían. Pero ante la persistencia de la fiebre y mis quejas por el dolor, pasados un par de días mi madre me llevó de nuevo al centro médico, donde me revisaron por encima la pierna, diciéndole que no era nada, y nos mandaron de nuevo a casa.

Pasados otros cinco días más o menos, mi dolor era tan intenso que no lo soportaba. Y una mañana, cuando mis padres se fijaron en los deditos que sobresalían de la escayola, se dieron cuenta de que estaban completamente ennegrecidos e inflamados.

Asustada, mi madre me llevó a otra vez a urgencias, al mismo lugar de siempre. Y el mismo médico insistió en que no era importante. Fue entonces cuando mi madre, enfurecida y desesperada, le gritó al doctor: "Ahora mismo le quita usted esta escayola a mi hija, bajo mi responsabilidad". Al hacerlo y ver mi pierna totalmente inflamada, entre negra, verde y morada, el médico se llevó las manos a la cabeza y se dijo en voz alta: "Dios mío, ¡¿qué le he hecho a esta niña?!".

Inmediatamente dio la voz de alarma. Tenía una gangrena que llegaba a la rodilla y, seguramente, no podrían salvar mi pierna. Llamó a una ambulancia, pero no había ninguna disponible, así que mi madre y yo nos fuimos urgentemente al hospital Virgen del Mar, donde estaba en ese momento el doctor Juan Carlos Malo, un traumatólogo de los mejores de España en los años 80, jefe de pediatría infantil en el hospital de la Paz.

Recuerdo la angustia de mi madre en aquel Ford Fiesta dorado, llorando y tratando de sobrepasar, sin saltarse las normas, aquel tráfico de Madrid, a la vez que intentaba calmarme, pues yo estaba muy asustada: "Mamá, ¿qué me pasa? ¿Por qué lloras?". Aún hoy mi corazón se acelera y mis lágrimas brotan al recordar ese momento…

Al llegar al hospital, nos estaban esperando para entrar en el quirófano. También mi padre y algunos de mis tíos estaban allí. El preoperatorio duró poco tiempo: me quitaron la ropa, me pusieron una bata y me despedí de mis familiares. Al cerrarse el ascensor que me bajaba al quirófano, le pregunté inocentemente al camillero: "¿Por qué llora mi tía?". "Se le ha metido un mosquito en el ojo", me respondió cariñoso. Y yo me lo creí.

Más tarde supe que, al llegar, el médico llamó a mi padre aparte y le dijo que no sabía si sobreviviría a aquella operación, pues la infección estaba muy extendida y podía tener un paro cardiaco. Y le avisó para que se hiciera a la idea de que si salía adelante sería sin pierna. Mi padre casi se desvaneció al escuchar estas palabras, que más tarde tuvo que decirle a mi madre y al resto de los familiares que estaban con ellos. Ese era el insecto que se le metió a mi tía Marisa en el ojo.

Estaba ya en la mesa de operaciones con la anestesia recién puesta cuando entró por la puerta el médico que me iba a operar. "Hola, yo soy Malo", me dijo. "¿Y tú?" preguntó. "Yo soy buena", le respondí inocentemente. "No, no, yo soy Malo de verdad. El doctor Malo". Era el 7 de febrero de 1984.

Aquel doctor *Malo* me salvó la pierna y la vida. Me trataba como a una hija, y yo también sentía por él un gran cariño. Me visitaba todos los días, y siempre estaba de buen humor. Recuerdo que, cuando me quejaba porque me picaba la cicatriz por los puntos, él me decía: *"Todo lo que pica, cura"*. Una frase que me ha acompañado hasta hoy. Pero aquel ángel, que se llamaba Juan Carlos Malo, fue asesinado unos meses más tarde, el 22 de septiembre de 1984, a la salida de un restaurante en Madrid. Según investigaciones posteriores a su muerte, llevaba años recabando información sobre el sistema sanitario en España y sobre los movimientos fraudulentos de una compañía de seguros privada. Aunque en un principio dijeron que le habían matado para robarle, lo cierto es que no se llevaron nada de los objetos de valor que llevaba encima (entre ellos un mechero de oro que mis padres le habían regalado en señal de agradecimiento por lo que había hecho por nosotros), y le atestaron una puñalada directa en el corazón. Su muerte fue un duro golpe para mí, y nunca le estaré lo suficientemente agradecida: él fue mi segundo padre.

La pérdida del doctor Malo fue la primera pérdida dolorosa que recuerdo haber tenido. Sentí que me quitaban algo que me pertenecía, y no entendía como la vida podía ser tan injusta de llevarse a una persona tan buena, y a la que tanto quería. Después de mucho tiempo comprendí que cada persona tiene un camino, y cuando llega su momento de marcharse, tiene que hacerlo, sin más. Aprender a soltar el apego a las personas que mueren, y entender que su esencia siempre sigue con nosotros en forma del amor que sentimos hacia ellos, ha sido y sigue siendo una de las lecciones más importantes de mi vida.

Pero volviendo a mi pierna, la primera operación salió bien, y tras ella un drenaje expulsó todo el pus. Sin embargo, a los pocos días la infección volvió a aparecer, por lo que decidieron intervenir de nuevo, abrir hasta la altura de la rodilla, raspar todo el peroné, y limpiar a fondo. Diecinueve puntos de los de antes aún adornan mi pierna izquierda, recordándome que soy muy afortunada de seguir aquí, pues, maravillas de la naturaleza, ni siquiera tengo una cojera leve ni he sentido ninguna molestia intensa en todos estos años (excepto en un momento puntual que contaré más adelante).

Pasé casi un mes en el hospital, ingresada en la planta de adultos enfermos del corazón, pues la planta infantil estaba completa. Y, claro, al ser la única niña fui la mimada de las enfermeras.

Uno de los momentos que recuerdo con más intensidad de aquel ingreso fue el día que me quitaron los puntos: a pelo. El dolor era insoportable, y mi tía Marisa, a mi lado, me cedió su mano para apretarla. ¡Aún recuerda la pobre el mordisco que le di en el dedo! Después de eso me dio una toalla para seguir apretando...

Fue un mes complicado, ya que, al dolor de las curas y el trajín de las radiografías diarias, se sumaban las horas eternas en la cama del hospital. Con 10 años lo que quieres es estar jugando..., pero yo estaba en aquella camita. Muchas personas venían a visitarme: familiares, amigas de la urbanización y del colegio, amigos de mis padres... Y la parte buena era que siempre traían regalos: miles de chocolatinas, recortables, cromos, cuentos... Era el centro de atención y eso, a mí, que sentía que siempre pasaba desapercibida, me gustaba.

Esta experiencia tan dolorosa, a una edad tan temprana, me ayudó a hacer frente al dolor físico con mucha entereza, me fortaleció como persona y me hizo apreciar la importancia de la salud.

Recuerdo que, una mañana, apareció por la habitación una chica con su madre. Tendría unos 13 o 14 años y, cuando entró, me dio las gracias. Al preguntarle por qué, me dijo que había tenido lo mismo que yo en el brazo (una infección por Staphylococcus Aureus) y que, gracias a mi experiencia, a ella se lo habían detectado a tiempo y no había llegado a gangrena. Me alegré mucho por ella, aunque nunca más la volví a ver.

En las horas eternas del hospital, a veces, veía la televisión (que ya había que pagar). Por aquel entonces estaban retransmitiendo la serie de dibujos animados «La vuelta al mundo de Willy Fog». Me encantaba ver a los personajes viajando por el mundo viviendo aventuras (por entonces, yo aún no sabía que mi vida también estaría llena de peripecias). Sin duda la que más me impactó fue la gatita Romy, con su sari rosa, tan dulce y elegante. No estoy muy segura de ello, pero si doy marcha atrás, creo que ese fue el momento en que India me enamoró a través de aquella gatita. Aún tuvieron que pasar nada menos que 28 años para que llegara a estar en esa India que me sedujo.

A mi regreso a casa, tras el ingreso, nuestras vidas (la mía y la de mi familia) comenzaron a cambiar.

Me fui recuperando muy rápidamente, incluso mucho más de lo que los médicos esperaban. El doctor Malo nos dijo que seguramente tendría una leve cojera, pero, como ya dije, no me ha quedado ninguna secuela de esa operación, más que la cicatriz-cremallera que adorna mi pierna. Un poco de rehabilitación y descanso hicieron que, el Día de San José (19 de marzo) de 1984, le regalara a mi padre bajar las escaleras solamente con una muleta.

Mi tía paterna, Marisol, tenía previsto casarse en mayo de ese año y quiso anular la boda tras el suceso de mi pierna. Por suerte no lo hizo y, para animarme, me prometió que si caminaba sin muletas antes del día de su boda, podría ir con ella en el coche y sentarme en la mesa nupcial. Para mí era algo importante, pues estaba muy unida a ella y además era la primera boda de la familia a la que asistía. Me esforcé en recuperarme y, el día de la boda de mi tía, la acompañé en el coche y me senté en su mesa. Y unos meses más tarde, como «premio» a mi recuperación, mi otro tío paterno, Enrique, me invitó a leer el salmo también en su boda. ¡Pequeños privilegios! Un año más tarde, cuando se casó mi otro tío paterno, Antonio, ya caminaba sin dificultades.

Durante los meses de la operación y posterior recuperación falté al colegio y, mis compañeras me traían los deberes a casa para que no perdiera el hilo del curso. Por aquel entonces estaba en 5.º de EGB (equivalente a 5.º de primaria), y era mi segundo año en aquel colegio de Pozuelo de Alarcón. Había entrado en 4.º de EGB en esa escuela de monjas de origen francés, y las cosas no me iban bien del todo.

En la boda de mis tíos 3 meses después de la operación

No sé muy bien el motivo, pero con dos años mis padres me metieron en una guardería bilingüe en Pozuelo, (donde nos habíamos trasladado desde Carabanchel, un barrio humilde de las afueras de Madrid), que estaba cerca de la urbanización de chalés adosados donde vivíamos rodeados de gente de la edad de mis padres y con niños de mi edad. Mis padres no hablan inglés, y supongo que quisieron darme a mí la oportunidad de aprenderlo desde pequeña, por lo que, después de la guardería, a los 4 años, entré en el colegio *Kensington School*, también en Pozuelo, una escuela británica de élite donde estudiaban los hijos de algunos famosos. En el Kensington solamente se hablaba inglés: en el comedor, en las clases o en los pasillos. Teníamos una hora de español al día. El resto: inglés. Recuerdo aquel colegio con especial cariño, aunque tengo pocos recuerdos específicos. Aquellos años de bilingüismo sentaron una base que facilitaría el aprendizaje de otras lenguas a lo largo de mi vida.

Al llegar al final de 3.º de EGB, a mis padres se les planteó un dilema: mi hermano Javier, con el que me llevo 5 años, terminaba la guardería y tenía que ir al colegio. Pero el Kensington era demasiado caro para dos hijos y no querían que entre nosotros hubiera diferencias; así que buscaron dos colegios concertados: uno de curas y uno de monjas.

Y de la noche a la mañana allí estaba yo, con 9 años, haciendo el examen de acceso delante de esa monja tan seria y lejana a mi realidad hasta entonces (ya que el Kensington era un colegio laico). Aquel examen fue uno de los momentos más horribles de mi vida: ¡con 9 años no sabía dividir tal y como me lo pedían! Y es que el método de las matemáticas en inglés es completamente diferente al método en español. Por suerte, una niña que también estaba haciendo el examen me vio llorar y me sopló algo, pero no creo que aun así aprobara. Y, sin embargo, me aceptaron.

Yo, que nunca había estudiado religión ni nada parecido y había hecho la comunión el año anterior con el Kensington sin ninguna preparación previa, de pronto tenía que ir a misa dos días a la semana, levantarme y rezar un Padre Nuestro cada vez que había cambio de clase, y confesarme regularmente. Aquello no me llegó nunca a cuadrar del todo, y siempre hice lo posible por no ir a las misas e ir a confesarme durante las horas de clase (para perder tiempo).

Además, las clases de francés eran un infierno. No entendía nada de lo que decían, y en los exámenes respondía en inglés (con lo cual, obviamente, suspendía). Supongo que, en mi mente de niña de 9 años, ambas eran lenguas extranjeras, y a mí me daba igual cuál utilizar, pero no lo hacía en el contexto correcto. Esto supuso, por muchos años, un bloqueo en mi relación con los idiomas, que, gracias a las circunstancias de la vida, se solucionó.

Mirando atrás, siento una mezcla de alivio y comprensión sobre mi experiencia en ese colegio de monjas. En aquel entonces, luchar para encajar en un entorno tan religioso y estructurado era desafiante, y me alejó de la espiritualidad en mi juventud. Me costaba encontrar mi lugar en un espacio donde las creencias y las prácticas no resonaban conmigo.

Sin embargo, en vez de quedarme en el resentimiento, he aprendido a liberarme de esos sentimientos. Esta lección me ha permitido comprender que cada experiencia, incluso las difíciles, forman parte de mi camino, y me han llevado al lugar donde estoy hoy. Y aunque me aparté de la espiritualidad por un tiempo, más tarde entendí nada tenía que ver el mundo espiritual con el catolicismo de colegio de monjas. Y sané mi relación con Jesús, un Ser al que siento cercano a mí, sobre el que he leído e investigado a lo largo de mi vida, y que, según mi entendimiento, era un sabio y yogui que siguió el camino del desapego, influenciado por las enseñanzas del budismo y el hinduismo.

Mis padres eran gente trabajadora. Hijos ambos de familias de clase media de Madrid, se conocieron jóvenes y se casaron a los 6 años de noviazgo, cuando ella tenía 23 años y él 22. Mi padre era el mayor de 4 hermanos (Antonio, Marisol, y Enrique) y mi madre la de en medio de 3 hermanas (Ana y Marisa). Mi abuelo materno les traspasó el negocio de muebles que tenía en Carabanchel, y montaron una tienda donde trabajaban los dos. Así que, desde pequeña, tenía mujeres internas que cuidaban de mí y, cuando llegó el momento, también de mi hermano.

Crecer con mujeres (a veces jovencitas) que no son de tu familia no es una tarea fácil. Algunas vivieron en casa mucho tiempo, como Pilar, que estuvo con nosotros casi 4 años, y a la que quería especialmente. Pero otras simplemente se quedaban unos meses. Las chicas iban y venían y yo, según iba creciendo, me iba convirtiendo en una pequeña tirana que las manipulaba para conseguir lo que quería, pues era «la reina de la casa», aunque supongo que cada una de ellas me aportó cosas que ahora no puedo recordar.

Aquellos años previos a la operación de mi pierna no fueron sencillos. Rodeada de niños de mi edad en la urbanización, teníamos una gran pandilla de chicas y chicos. Jugábamos en la calle, libremente, dormíamos en casa de las amigas, y pasábamos horas en el club social. Pero yo era una niña tímida, insegura, introvertida, que no encajaba muy bien en la pandilla. Muchas veces me llamaban «la chivata» por no poder mentir si los mayores nos preguntaban lo que habíamos hecho, por lo que cuando había grandes aventuras (como esconderse en los garajes del club, donde estaba prohibido entrar), me dejaban de lado. Y supongo que esa frustración la volcaba con las mujeres que tenían que soportar a la pequeña tirana dentro de casa. Ahora entiendo que, de manera inconsciente, las castigaba a ellas igual que yo me sentía castigada por mis amigos, una actitud que se repite en la sociedad, y que nos lleva a mantener injusticias y desigualdades. Yo solo era una niña, pero mi supervivencia se puso en juego, y jugué.

Luego, a partir de los 12 o 13 años, llegué a un punto en el que dejé de preocuparme por lo que pensaban los demás. Desarrollé autoconfianza y adopté la actitud de «que piensen lo que quieran». Entendí que ser yo misma no causaba daño a nadie, y las críticas de los demás ya no me afectaban. Según fui creciendo, consolidé esta mentalidad, y traté de ser firme en mi autenticidad, sin preocuparme por las expectativas ajenas. No fue un trabajo fácil, pero sí una actitud que he mantenido a lo largo de los años, y que me ha ayudado a protegerme en muchos entornos hostiles. Confiar en mí misma y tener la conciencia tranquila han sido aprendizajes básicos en mi camino.

Sin embargo, durante los años previos a la adolescencia, tuve la sensación de pasar desapercibida, tanto para mis padres (imbuidos en su trabajo) como para mis amigos. Mi gran apoyo en esos años fue una de mis primas, que era 4 años mayor que yo. Ella me cuidaba y trataba de integrarme en los grupos, pero no siempre con éxito, y no por ella, sino por mi complejo de inferioridad. Por eso, cuando me sucedió lo de la pierna, me sentí de repente visible para el mundo. Triste, sí, pero real.

Pero tengo que admitir que, a pesar del capítulo de mi operación y de mis inseguridades, tuve una infancia privilegiada, en la que viajé con mis padres (hice mi primer viaje con 5 años, en un crucero por el Mediterráneo del que aún tengo recuerdos), aprendí a ser una hermana mayor, disfruté de la naturaleza y los animales, y di mis primeros pasitos en el amor. Una infancia que agradezco y que valoro.

Capítulo Dos

Tras La Operación: Los Años Rebeldes

Pero, como explicaba anteriormente, después de la operación las cosas empezaron a cambiar en casa. Mis padres comenzaron con problemas en los negocios y, cuando tenía 13 años, tuvieron que prescindir de la chica que nos cuidaba. Mi hermano y yo nos quedábamos solos por las tardes, a cargo, de alguna manera, de nuestra tía Ana, que estaba en la casa de al lado, y protegidos por un entorno en el que todos éramos una gran familia.

Por aquel entonces, Javi tenía 8 años; era un niño muy bueno y obediente, y no muy estudioso. Y yo seguía siendo una joven tirana que se empezaba a rebelar contra el mundo.

Sé que nada de lo que voy a narrar aquí es «bueno». Mis padres apenas saben lo que pasaba en aquellas tardes en que mi hermano y yo nos quedábamos solos, ni saben de mis escapadas, ni de mis «novios». Solamente saben que, de la noche a la mañana, tenían una niña que se había hecho mujer y se había convertido en una contestona, en una rebelde, en una mala estudiante, en una irresponsable. ¿Qué me llevó a todo aquello? Bueno, aparte de la edad —pues es cierto que en la adolescencia nos buscamos y nos confundimos, intentamos entender quiénes somos, creemos que lo sabemos todo y no aceptamos consejos de nadie— lo que me llevó allí fue, nuevamente, mi inseguridad. Aunque he dicho que en esta edad había llegado a un punto en el que me daba igual lo que pensaran los demás de mí, en mi interior me sentía frágil, y esa rebeldía exterior era una coraza para protegerme ante mi propia debilidad. Además, ahora sentía que encajaba aún menos en el entorno en el que estaba, pues la economía familiar no era como había sido los años anteriores, y eso aumentó mi «complejo de inferioridad» con respecto a las personas que tenía alrededor. Supongo que aún no tenía la suficiente fortaleza como para ser yo misma, sin apegos materiales.

Sin embargo, este período también fue un recordatorio del valor de soltar las expectativas y apreciar lo que realmente importa. Ahora comprendo que mi destino no estaba determinado por las posesiones materiales o por la opinión de los demás. Aunque antes anhelaba encajar y tener lo que otros tenían, he evolucionado hasta que he podido descubrir mi propio camino, uno que me ha llevado, y espero que me siga llevando a donde debía estar, sin importar las comparaciones externas.

En 7.º de EGB me quedaron algunas asignaturas para septiembre, por lo que me pasé el verano castigada en la finca de los abuelos y en Villamantilla, un pueblo a 45 km de Madrid donde vivían mis tíos Enrique y Julia. Durante el mes de julio, me quedé allí con ellos: por las mañanas tenía que ir al colegio del que mi tía era directora para recibir clases de recuperación y, por las tardes, tenía que estudiar. También me dejaban un poco de tiempo para salir, pero cuando llegué allí no conocía a nadie, así que no era muy divertido. Mi tía, en su afán de ayudarme, me introdujo en el círculo de amigos de su hermana, pero eran todos 5 o 6 años mayores que yo, por lo que no me sentía a gusto. Fue esta pandilla la que me presentó a las niñas de mi edad, y les invitaron a que fuera con ellas.

Me aceptaron, pero por poco tiempo. Disputas de adolescentes hicieron que pronto me apartaran de su grupo, quedándome solamente acompañada por Mario y sus amigos, que, al ser un poco mayores, iban más por libre. Hay que entender que, en los pueblos en aquella época, las pandillas eran grupos muy cerrados de personas que se conocían desde la infancia, y que habían crecido juntas. Yo era un elemento extraño en la ecuación, y no encajé del todo bien.

Pero con Mario y sus amigos forjé una relación muy bonita. Ellos me protegían y me cuidaban. Con Mario tuve una amistad que duró años. Fue una persona importante en mi vida, pues me hizo sentir, por primera vez, especial. "Eres la más", me solía decir. Yo no sabía «la más que», pero me gustaba sentir que era la «más» para alguien. Hacia él desarrollé un amor incondicional. Teníamos mucha conexión y, a su lado, sentí por primera vez que era una persona bella y que alguien, al fin, me podía ver tal y como era.

En agosto tuve que volver a la finca de los abuelos, a 15 km de allí. Ahora ir a la finca no era un placer, sino un verdadero castigo, pues estaba lejos de mis amigas y de los chicos que me gustaban. Los días pasaban lentos, solamente en su compañía, y la de mi tía Marisol y mi tío Paco. Algunas tardes me llevaban a Villamantilla y podía ver a Mario y sus amigos, pero no era muy a menudo.

Y acabó el verano. Y volví a Pozuelo. Y dejé de ver a Mario.

Por suerte, en aquel año en que tenía 13 años llegó a la urbanización una nueva familia de Aluche, gente encantadora con dos hijas y un hijo. La mediana, Sandra, que tenía un año menos que yo, era buena estudiante, buena persona, y no le importaban tanto las apariencias, ya que venía de un barrio humilde. Pronto, junto con Sara, mi amiga de la infancia, nos convertimos en inseparables.

A Sandra la inscribieron en mi colegio, por lo que íbamos y volvíamos juntas caminando, o su madre nos venía a buscar y nos llevaba. Por aquel entonces yo cursaba 8.º de EGB (equivalente ahora a 2.º de la ESO), y mis notas seguían siendo catastróficas.

Con Sandra y Sara empecé a salir un poco de la urbanización, que había sido mi único hogar hasta el momento. Solíamos ir a un bar cercano a jugar al futbolín, o a quedarnos simplemente hablando con chicos de otras urbanizaciones. Muchas tardes, cuando se suponía que tenía que estar estudiando, me iba a aquel bar. Y los fines de semana salíamos todos por Pozuelo pueblo, a diferentes garitos de moda de la época.

Fueron unos años complicados. Los resultados en 8.º de EGB eran desastrosos en cada evaluación, pues lo que menos me interesaba era el colegio. Así que, cuando llegaban las notas, me quedaba castigada. Primero fue quedarse en casa entre semana y los fines de semana; pero al ver que esto no daba resultado, también tuve que irme a la tienda de mis padres después de las clases y pasar allí la tarde en el despacho estudiando. Esto tampoco dio resultado porque, aunque mis padres lo hacían con la mejor intención, el problema no eran los estudios en sí, sino la soledad e incomprensión de una adolescente confundida en un mundo en el que no encajaba.

Durante mis largas horas de castigo no estudiaba, por supuesto. Lloraba. Y escribía. Y escuchaba música de amor, de tristeza, baladas románticas. Comencé a desahogarme con mis diarios en aquellos años tan complicados, y también empecé a crear poesía. Pasaba las tardes copiando en la máquina de escribir las letras de las canciones de Julio Iglesias, de Perales, de Sabina. Todo lo que fuera, menos enfrentarme a aquellos libros que no me interesaban lo más mínimo. Aún conservo poemas de aquella época, algunos de los cuales publiqué en mi primer poemario «*En versos sin tiempo*», en los que se reflejan estos sentimientos que, por entonces, eran mis compañeros de tardes eternas. Ahora agradezco esas horas de soledad y de reflexión, que me enseñaron a estar conmigo misma, a sentirme, a conectar con mi ser interior sin distracciones externas. Creo que ese tiempo determinó mi carácter actual. Parece mentira que, aquello que en un momento dado vivimos como un castigo, como algo horrible que nos está sucediendo, no sea más que un juego del destino para llevarnos donde nos encontramos en la actualidad.

Había algunos sábados en que mis padres me dejaban salir y, claro… lo hacía como un toro desbocado. Un toro encerrado sale lleno de rabia y de furor; yo salía llena de rabia… y empecé cometer excesos. No es fácil aceptar esta faceta de mi vida, pero de todo se aprende, y de ello he aprendido a entender algunos de los motivos por los que la gente se engancha a sustancias como el alcohol. Yo dejé de beber completamente a los 26 años.

41

Cuando llegó el verano de 1986, mis padres me mandaron a Benidorm con mis abuelos maternos, que llevaban años viviendo allí. Desde pequeña había ido un mes de vacaciones con mis padres y algunos amigos de la familia con sus hijos. A veces, coincidíamos también con mi tía Marisa, su marido y mis primas. Esos veranos eran divertidos, pues estábamos todos los chavales juntos en la playa, salíamos al minigolf, al cine, a cenar. Pero con 13 años pasar un verano con tus abuelos y tu hermano pequeño… ¡no era muy gratificante! Y más en el mes de julio, cuando todos mis amigos estaban en Pozuelo.

Javi, mi hermano, era un niño muy social, y en seguida se hizo amigos con los que pasar las mañanas en la piscina y las tardes jugando al fútbol. Pero yo, adolescente perdida, me encerré en mí misma y pasaba el día en casa, escuchando música y tratando de sacar al teclado la melodía de «Temblando», de los Hombres G. Mis pobres abuelos estaban desesperados.

Me apuntaron a una academia para recuperar matemáticas y lengua, y mi abuela me acompañaba tres tardes en semana andando hasta allí. Me esperaba, y a la salida volvíamos juntas. De camino, pasábamos por una discoteca llamada *Papa Whisky*. En la puerta había un chico árabe (debía de tener unos 19 años) repartiendo propaganda. Me daba folletos de la discoteca y me saludaba amablemente, y tras un día y otro y otro… ¡me quedé fascinada con Ali! Era el primer hombre de otra cultura con el que tenía contacto. Un hombre bello, de piel tostada y ojos negros, con un acento exótico. Obviamente, él nunca me hizo más caso que el de tontear con una niñita de 13 años; y mi abuela, que se dio cuenta del tonteo, me obligaba a cambiarme de acera cuando nos acercábamos a la puerta de la discoteca. Ali me marcó en una cosa: decidí que quería estudiar filología árabe y aprender su idioma y cultura.

En la academia hice algunas amigas con las que salía esporádicamente. Así que, finalmente, el mes en Benidorm no fue tan duro. Y además aprobé las asignaturas, con lo que pasé a 1.º de BUP.

Con 13 años acompañada de mi hermano en la finca de mis abuelos

Mi cumpleaños es el 12 de septiembre... ¡Qué mala fecha para una estudiante! pues solía ser la fecha (día arriba, día abajo) en que comenzaba el colegio o eran los exámenes de recuperación... Y no hacía mucha ilusión llegar el primer día de clase y que fuera tu cumpleaños. Pero con el tiempo lo superé.

Hasta los 14 años solamente había tenido a mis primos por parte de madre (4 primas y un primo), pero no había tenido por parte de padre. Sin embargo, en 1987 ¡nacieron 3 de golpe! Cada uno de los hermanos/a de mi padre tuvo un hijo, así que de pronto fui madrina de uno de ellos, y prima mayor. Después vendrían dos más, completando así el elenco familiar.

En 2º de BUP empecé a ir a cuidar de mi ahijado de un añito (el hijo de mi tía Marisol) todas las tardes. Cuando salía del colegio, me iba a la Renfe de Pozuelo y, de allí, a Príncipe Pío, una zona céntrica de Madrid. Pasaba la tarde con el niño, (y estudiando, se suponía) y volvía a casa sobre las 8 de la tarde. Esto me permitió ganar dinero suficiente para que, al llegar la Navidad, pudiera irme con mis amigas Sandra y Sara, y algunas personas más a esquiar a Francia. Fue una experiencia muy divertida, que repetiría dos años más consecutivos. Mi primer viaje con amigas a otro país. ¡Por fin tenía un pequeño vislumbre de lo que era la independencia!

A pesar de esos privilegios que mis padres me permitían, seguía sin aprobar, y creo que el motivo real de mi fracaso, además de la adolescencia, fueron las monjas. Eran unas monjas muy represivas, que no nos permitían ni hablar con chicos a la salida del colegio, y yo me rebelé contra ellas (y contra mis padres) dejando de estudiar. Aunque en realidad me rebelaba contra mí, contra mi mundo, y no era consciente de que el daño me lo hacía a mí misma… Hace falta que pasen los años para poder mirar atrás y entender los motivos por los que hiciste ciertas cosas, y hay que saber perdonarse y perdonar a aquellos que creías que estaban en tu contra. Sanar, para seguir adelante.

Las monjas me marcaron mucho. Yo era un almita libre; hacía lo que quería, y sus límites no me valían. Así que, en lugar de enderezarme, me torcí más: pellas en los días de clase, fumar a escondidas en los cuartos de baño, escapadas en los recreos... Supongo que casi todas las personas de mi generación han hecho cosas así... y seguramente los jóvenes actuales las siguen haciendo. ¡La rebelión de las hormonas!

Tanto me rebelé que, tras suspender otras 4 o 5 para septiembre en 2.º de BUP, la directora habló con mis padres, y les invitó a que me marchara a otro colegio. ¡Por fin!

Pero no todas las monjas eran iguales, por supuesto. Hubo algunas que me entendían más, que me protegían, y puede que incluso hasta me quisieran un poquito. Gracias a una de ellas, la Madre Ana María, empecé a amar la literatura. Ella me castigó a que los sábados por la mañana tuviera que ir sola al colegio para pasar la mañana estudiando literatura y lengua... ¡Qué horror tener que estar allí, un sábado por la mañana, sola en aquel enorme lugar! ... Pero hoy se lo agradezco, pues me enseñó a amar la lectura y la escritura.

Capítulo Tres

Se Cierra Un Ciclo: Una Nueva Etapa

Era el año 1989. Repetí 2.º de BUP, pero en otro colegio. Esta vez era un colegio privado, mixto, liberal... ¡menudo cambio!

Desde los 10 años me habían empezado a gustar los chicos. Mi primer novio lo tuve a los 12, en Villamantilla. En los años siguientes, tuve varios *novietes* de adolescencia que no duraron mucho tiempo (el que más un año), pero de los que me enamoraba locamente... ¡como si fueran el amor de mi vida! He de decir que soy una persona muy romántica, gran amante de Gustavo Adolfo Bécquer y, como broma, muchas veces digo que de la primera persona que me enamoré, ¡fue del ginecólogo que me trajo al mundo!

Hablando nuevamente en serio: hasta los 15 años había estado con algunos chicos, pero nada serio realmente. Septiembre de 1989 lo cambiaría todo.

El verano de ese año fue tranquilo, ya que como iba a repetir, no estuve castigada ni tenía que estudiar. Un nuevo chico comenzó a venir con nosotros en la pandilla, y unos días más tarde trajo a su hermano Sergio, y a otro amigo, que también se unieron a nosotros. Sergio tenía 18 años. Era deportista, sano, estudioso y culto. Venía algunas tardes al club, donde pasábamos horas en la piscina o jugando a las cartas. Y por las tardes salíamos por Pozuelo.

Normalmente yo celebraba mi cumpleaños junto con Sandra, ya que ella los cumplía en agosto, y como todo el mundo estaba de vacaciones, no solía hacer nada en esa fecha. Aquel 12 de septiembre Sergio vino a nuestro cumpleaños, aunque no le gustaba ir a los bares. A mí me parecía un chico guapísimo, pero totalmente fuera de mi alcance. Pero, cuál no sería mi sorpresa cuando, al día siguiente del cumpleaños, ¡Sergio me pidió salir! ¡No me lo esperaba para nada! Me pilló tan desprevenida que me pasé la noche haciendo que la prima de Sandra me pellizcara para saber que no era un sueño.

Sí, yo, la chica poco estudiosa, que bebía, que fumaba, que no se quería… que sentía que no valía para nada… Yo, Cristina…, ¡salía con Sergio!

A los pocos días comencé en el nuevo colegio y desde el primer momento fui feliz allí. No había que rezar al comienzo de cada clase, no llevábamos uniforme, hablábamos a los profesores de tú y por su nombre… Libertad, por fin.

Sergio venía a mi casa por las tardes y estudiábamos juntos. Él me enseñó a amar la filosofía, la lectura, los estudios, y me introdujo a figuras que marcarían mi vida como Gandhi o Buda. Dejé de salir a los bares. Íbamos al cine, al teatro, a pasear, a ver películas a su casa... Mi vida cambió por completo, y empecé a sacar notables y sobresalientes en todas las asignaturas.

Tenía 16 años y un novio que era una bellísima persona. Sin embargo, seguía siendo una chica tímida e insegura, lo que hacía que a veces los celos me pudieran. Él nunca me dio motivos para estar celosa, pero el simple hecho de que pasara más tiempo en el gimnasio que conmigo, ya era a veces un motivo de disputa.

Sergio vivía con su madre y sus hermanos en una urbanización de lujo, en una casa con piscina, pues sus padres eran personas importantes en el mundo de la publicidad, con muchos medios económicos. De hecho, su madre era británica e hija de un diplomático inglés que estuvo en India en la época de la independencia. Había nacido en Bombay, y cuando me enteré de esta historia, mi admiración por ella creció tanto que, a su lado, me sentía diminuta, casi incapaz de expresarme. Una mujer tan independiente, que había vivido tanto, que había triunfado, era sin duda un ejemplo a seguir en mi vida. Pero nuestra relación nunca fue buena. Ella no me aceptaba del todo; quizá pensaba que su hijo se merecía más, y que yo le estaba impidiendo seguir su camino. La realidad era que Sergio quería ser actor e irse a vivir a Nueva York, y si no lo hizo durante dos años, fue por estar conmigo. Así que un buen día, al llegar a su casa, su madre le pidió que nunca más me llevara allí, y de este modo dejó de hablarme, sin más razón. Esto supuso un duro golpe para nosotros, que estábamos acostumbrados a tener libertad para estar allí. Ahora incluso las llamadas de teléfono suponían un problema. Ella nunca le dio a nadie explicaciones de por qué tomó esta decisión. Pero, cuál no sería mi sorpresa cuando en el año 2009, tras fallecer el hermano de Sergio en un accidente aéreo, volví a verla por casualidad. Habían pasado 17 años desde la última vez que estuvimos juntas, y no sabía cómo iba a reaccionar. Al acercarme a saludarla, se alegró mucho de verme y me recibió como si nada hubiera sucedido. Me sentí muy feliz en ese momento, pues yo siempre la había admirado. Me invitó a que fuera una tarde a su casa, donde pasé una preciosa velada con ella tomando el té… ¡Los juegos del destino!

El destino es como una rueda que gira constantemente, y a veces el paso del tiempo trae cambios inesperados. Recordando aquellos momentos en los que la madre de Sergio me apartó de su vida de aquella manera tan brusca, veo cómo las circunstancias pueden transformarse, y si han de hacerlo, sucederá tarde o temprano. No obstante, por aquel entonces, sin saber apenas nada del mundo, esta situación supuso una gran alteración en mi vida.

El padre de Sergio también se dedicaba al mundo de la publicidad y vivía en Girona, Catalunya. Un año le concedieron el premio de Cannes de publicidad por un anuncio de televisión e hizo una fiesta en su casa a la que nos invitó. Yo debía de tener 17 años, y allí estaba, en aquella casa de ensueño, rodeada de personas importantes de la televisión, el cine y la publicidad (entre ellas una presentadora de televisión bastante conocida en los 90). No supe muy bien como integrarme en ese ambiente tan selecto y fuera de mi alcance, pero supongo que me sirvió para saber estar en cualquier lugar y con cualquier persona. Porque, si abrimos los ojos, todos los momentos que nos ofrece la vida son oportunidades de crecimiento.

Aprobé 3.º de BUP y COU sin problema, con muy buenas notas. Y, en septiembre de 1992, empecé 1.º de filología árabe, tal y como había decidido con 13 años al conocer a Ali en Benidorm.

Mi vida era más o menos tranquila: estudiaba y trabajaba los fines de semana en una pizzería con Sergio, pues al cumplir 18 años, mi padre me invitó a que me independizara económicamente. Él pensaba que con esa edad ya era lo suficientemente adulta como para salir adelante por mí misma, pagándome mis gastos y mis caprichos. Y aunque en su día sus palabras me resultaron duras, con el tiempo entendí que esa decisión fue una bendición que en su momento no supe ver, ya que me convirtió en una persona independiente y me enseñó que, en parte, el desarrollo personal viene de esforzarse por uno mismo, lo que me permitió crecer y forjar mi propio camino.

El 28 de mayo de ese mismo 1992, estando en el trabajo, se presentó un chico con una bolsa de plástico... ¡y cinco perritos dentro! Aún tenían los ojos cerrados y el cordón umbilical. Se los había encontrado en una alcantarilla y no se podía hacer cargo de ellos, ni nadie más los quería; así que yo, que tenía prohibido tener animales en casa, me los llevé. Siempre he amado profundamente a los animales. Su pureza, su lealtad, su capacidad de supervivencia hacen que sean ejemplos de vida, y se merecen, todos ellos, admiración y respeto. Ver sufrir a un animal me duele en el alma, por lo que antepuse las necesidades de estos cincos perritos a las normas.

Como nuestra casa era de 3 plantas y yo tenía mi habitación en la de arriba, los subí en secreto y empecé a darles leche de farmacia con el biberón. Al principio fue difícil, ya que tenían que comer a todas horas y yo tenía que ir al colegio, trabajar, etc. Pero mis amigas y Sergio, con excusas, venían a casa y les daban de comer a escondidas cuando yo no podía.

Un día vi que 4 de los 5 cachorros estaban amoratados (el quinto era negro, así que no se le veía si también lo estaba, pero no lo parecía) y tenían dificultad para respirar. Sergio y yo los llevamos al veterinario, que nos dijo que había que sacrificarlos, pues se estaban asfixiando (algo común, según nos explicó, en los cachorros sin mamá). Entonces, entre lágrimas, le pedí que me dejara a la negrita, que parecía estar bien. Tanto insistí que así lo hizo, aunque me advirtió que lo más seguro es que muriera. Ella fue Mitra.

Mitra no solo fue mi perra, fue mi compañera de camino durante 8 años. Hacía tiempo había leído el nombre de Mitra en un libro de Amin Maalouf. Era un dios persa, y el nombre me gustó tanto que pensé: *"El día que tenga un perro se llamará Mitra"*. Y así fue. Más tarde fui descubriendo que Mitra en griego significa «útero» (en Grecia nació mi hija), y en hindi significa «amigo».

Mitra nació y murió un 28 de mayo, cerrando un ciclo en su vida. Desde que se marchó, su nombre y el mío se fundieron en mi pseudónimo: Crismitra. Ya siempre me acompaña.

A los dos años de salir con Sergio, dejamos de estar juntos; de algún modo, él también sentía, como su madre, que nuestra relación le frenaba a la hora de tomar la decisión de marcharse a estudiar a EE. UU. Estuvimos un tiempo sin salir formalmente, pero viéndonos casi a diario, ya que éramos nuestros propios mejores amigos, mientras que el resto de los amigos de la adolescencia ya hacían cada uno su vida. Finalmente volvimos a retomar la relación los últimos meses de 1992, pero ya no fue lo mismo.

En enero de 1993 murió mi abuelo materno en Alicante. Tuvo una embolia cerebral y, tras pasar unos días en coma, nos dejó. No pude despedirme de él, cosa que hubiera querido, pero mis padres me consideraban aún pequeña (tenía 19 años). Solamente asistí al tanatorio y la cremación, de las que guardo un grato recuerdo a pesar de las duras circunstancias, ya que nos sirvió de reunión con la familia extensa, algo que no era muy habitual. Fue la primera muerte de un familiar cercano, y su partida me hizo reflexionar sobre el misterio de la existencia.

Mientras tanto, mis padres luchaban por sacar adelante el negocio y, en un momento crucial, finalmente decidieron vender la casa. Esta decisión fue un punto de inflexión ya que fue la primera gran experiencia de desapego para mí. De repente, me arrancaron de todo lo que conocía: mis amigos, la casa en la que había crecido, el club y mi novio, que vivía en Pozuelo. Todo se desmoronó. Fue un cambio doloroso y desafiante.

A toda esta pérdida se sumó que Sergio, en agosto de ese año 93, se marchó a Nueva York. Quedamos en seguir juntos, pero es bien sabido que las relaciones en la distancia, y más en aquellos años en que las comunicaciones no eran sencillas, no solían llegar muy lejos.

En septiembre, llena de dolor por la marcha de Sergio, empecé 2.º de Filología Árabe. Fue un nuevo aliento a mi vida, que casi de la noche a la mañana se había desmoronado por completo. Como desde la nueva casa era complicado ir hasta el campus de Moncloa, en Madrid, a diario, me marché a vivir a Carabanchel con mi abuelita, que se había quedado viuda y estaba pasando por un momento difícil.

Seguía trabajando en la misma pizzería, pero esta vez en otra localización, y mi abuela me regaló el carnet de conducir, además del Ford Fiesta rojo de mi abuelo, con lo que empecé a tener más independencia.

La carrera me gustaba. Éramos solamente 8 o 10 personas en clase, y además del árabe estudiaba hebreo, que me llegó a atraer más que el propio árabe. Aunque solía ir a clase, algunos días soleados de invierno mis amigas y yo veíamos las montañas nevadas de la sierra de Madrid a lo lejos… ¡y allí nos íbamos! A pasar el día a la nieve. Pero no era lo habitual. Lo normal era asistir a clase, trabajar y estar con la abuela.

En Navidad de 1993, después de muchos meses ahorrando… ¡me fui a ver a Sergio a Nueva York! Mi primer viaje en avión, sola, a EEUU, con 20 años. Estaba totalmente feliz. Pero cuál no sería mi sorpresa cuando, a los dos días de llegar, el padre, el hermano, la novia de este y la hermana de Sergio, decidieron ir también a Nueva York a verle. Fue un duro golpe para mí, pues ellos podían ir en cualquier momento del año, y yo había estado esforzándome mucho para pagarme el vuelo y la estancia allí. Después del disgusto inicial, tengo que decir que no estuvo tan mal, pues viví experiencias que nunca habría tenido de otro modo: fuimos en limusina al aeropuerto a recoger a la hermana de Sergio, monté en coche de caballos por Central Park, y cené en uno de los restaurantes más bonitos de Brooklyn, con vistas a Manhattan. Una vez más entendí que, como dice el refrán, *«no hay mal que por bien no venga»*. Y es que a veces las cosas nos afectan más de lo que deberían. Sin embargo, lo que parece un obstáculo inicialmente puede llevarnos a oportunidades sorprendentes, y este primer viaje a Nueva York fue una clara evidencia de ello. Solté el apego a «mi viaje» y «mi novio», y me dejé llevar por el momento. Entonces, disfruté de la familia, de Sergio y de la ciudad.

De regreso a Madrid volví a mi rutina del trabajo y los estudios.

En Semana Santa, Sergio vino a España, y su padre y su hermano nos invitaron a ir a Sevilla y Cádiz. Alex pilotaba ultraligeros y avionetas, y quería que fuéramos en una. Sin embargo, finalmente nos fuimos en coche. Primero estuvimos en Sevilla, en un cortijo andaluz a la más pura usanza, donde una vez más me sentí como pez fuera del agua. Señoritas andaluzas vestidas con sus camisas de encaje y sus botas de amazonas; señoritos con sus trajes entallados, y yo... Cristina... con mis vaqueros... Esa fiesta me sirvió para conocer un mundo al que, nuevamente, nunca habría tenido acceso, pues estaba totalmente alejado de mi realidad en ese momento.

En Sevilla paseamos en coche de caballos por los Jardines de María Luisa y pude ver, por primera vez, la estatua de Bécquer.

Después nos fuimos a Cádiz, donde gracias a un conocido de Alex estuvimos visitando el portaviones Príncipe de Asturias. Nos enseñaron desde los hangares hasta las estancias de los soldados, pasando por los comedores, el camarote del capitán con muebles de Christian Dior... ¡Todo un lujo conocerlo! Y después nos llevaron a un aeropuerto militar, donde hicieron despegar para nosotros un F19... ¡Impresionante! No sé qué contactos tendría, pero vivir aquello sí que fue un privilegio. Y allí estaba, una vez más, dejándome mecer en brazos del destino, y aprovechando con la mayor conciencia posible las oportunidades que la vida me iba brindando.

En el tiempo que pasó en Nueva York, Sergio había coincidido en algún preestreno con una conocida la actriz española de la que se había hecho amigo. En una de sus visitas a Madrid, quedó con ella en *La Riviera*, una famosa discoteca de Madrid, y me fui con él. Nos sentamos a tomar algo los tres, y al poco tiempo, decidieron echar una partida de billar con un famoso cantante (que más tarde falleció al poco tiempo de hacerlo su madre) y su cuñado por aquel entonces. Yo me quedé sentada en una mesa, rodeada de gente que solamente había visto por la televisión: cantantes, actrices y periodistas. Me sentía, una vez más, fuera de lugar, pero creo que supe mantener la compostura y seguir siendo yo misma, entendiendo que tenía que adaptarme a todas las situaciones que la vida me presentara, y disfrutar lo que pudiera de ellas. En un momento dado, una de estas mujeres me preguntó: "¿Eres de Madrid?". "Si", respondí tímidamente. "Ah, es que no te he visto nunca por aquí", fue su respuesta. Siempre me ha hecho mucha gracia esta pequeña conversación. ¿Conocería esa persona a todas las madrileñas?

Llegó el verano, y esta vez fui yo la que volvió a Nueva York a visitar a Sergio. Aunque nos veíamos a menudo, hablábamos por teléfono y nos escribíamos cartas, las cosas no eran iguales que cuando se marchó. Él vivía en América, estaba cumpliendo su sueño estudiando teatro mientras se alojaba en El Chelsea, uno de los hoteles más emblemáticos de la ciudad, y yo seguía siendo la chica de Madrid que iba a la universidad, trabajaba y vivía con su abuela. Nuestras realidades eran cada vez más distintas, y, sin embargo, nos queríamos y queríamos intentar seguir con nuestra relación.

Aquel verano, Sergio tenía un nuevo grupo de amigos. Casi todos pertenecían al mundo del cine: guionistas, actores, directores. En ese momento, estaban todos trabajando en el cortometraje de un chico de Madrid que había estudiado dirección de cine en Nueva York, y este corto era su proyecto de fin de carrera. Sergio le estaba ayudando con el guion, pues escribía muy bien.

Durante los días que estuve allí, mientras él iba a sus clases, yo me iba a pasear por Manhattan, a visitar Central Park o a caminar por la 5.ª Avenida. Me gustaba aquella ciudad tan grande, en la que pasaba desapercibida, en la que había gente de todo el mundo, de distintas religiones, culturas; barrios chinos, latinos, judíos... Las tiendas me parecían tan innovadoras, con las tuberías al aire, con aquella decoración que nada tenía que ver con la de los escaparates madrileños de los 90. Nueva York me transmitía la sensación de libertad, me permitía ser yo misma en aquel tumulto de personas. Cuando Sergio tenía tiempo, hacíamos cosas juntos, como visitar Ellis Island, la Estatua de la Libertad o ir a cenar con sus amigos.

En una de las cenas conocí a Álvaro, el joven director de cine madrileño. Era un tipo peculiar, con una voz extraña, alto, muy delgado y muy extrovertido. Vivía en un bonito apartamento en el East Village, en frente de la famosa discoteca Webster Hall, y llevaba cinco años en Nueva York.

Un día, Sergio me pidió que fuera a casa de Álvaro a llevarle el guion del corto corregido. Cuando llegué y me abrió la puerta, me saludó pellizcándome la mejilla y mi corazón dio un vuelco. Fue algo inexplicable, pues, aunque mi relación con Sergio estaba muy tocada (habíamos hablado varias veces de dejarlo durante mi estancia esos días), yo le quería. Pero cuando entré en la habitación de Álvaro para dejar el guion tuve un presentimiento: esa iba a ser mi habitación. No hice caso a esa tonta intuición y me marché, siguiendo mi camino.

En mi segundo viaje a Nueva York

Antes de irme de Nueva York, Sergio y yo tuvimos que tomar una decisión: o lo dejábamos o me iba a vivir con él allí. Pero claro, las condiciones para marcharme no eran muy halagüeñas, pues él quería seguir en la habitación del hotel, que le costeaba su madre, pues él estaba enfocado en sus estudios, y yo tendría que pagar una mitad del alquiler para vivir con él.

Estamos hablando de mucho dinero; no recuerdo bien cuánto era, pero sin duda más de lo que yo, sin estudios, papeles, ni profesión, podría ganar en un mes trabajando. Aun así, acepté las condiciones y volví a España con la intención de recoger mis cosas, hablar con mis padres e irme a vivir a Nueva York.

Pero el mismo día en que tenía el vuelo, mientras preparaba la maleta, lloraba. No estaba segura de lo que iba a hacer, no sabía si era la decisión correcta, pero parecía que, si quería seguir con él, no había otra opción. Ahora he aprendido que, si una decisión así de crucial duele, es que no es el camino que hay que seguir. Pero en aquel entonces mi amor por Sergio, y quizá también mi dependencia emocional a una relación que estaba ya muy rota, me llevaron a querer luchar en contra del destino. Entonces sonó el teléfono: era mi padre. Al preguntarme por qué lloraba, le dije que no sabía si me quería marchar. Él me dijo solamente unas palabras: "Hija, algunas novias han dejado a sus novios en el altar". Colgué el teléfono, llamé a Sergio a Nueva York… y le dije que me quedaba… que no podía marcharme, pues no estaba segura ni de mí, ni de él. Nuestro amor ya no era lo que fue, y no quería echar mi vida por la ventana. No estaba preparada. Él lo entendió, pues, en parte, sentía lo mismo. Le pedí que no me llamara ni me escribiera hasta que yo me pusiera en contacto con él. Y así, en un momento, Sergio salió de mi vida, dejando un vacío inmenso… Fue el 19 de agosto de 1994, y habíamos estado juntos casi 5 años.

Capítulo Cuatro

Unos Años De Grandes Cambios

Ese verano de 1994 estuve trabajando en una tienda de animales en un pueblo cercano a la casa de mis padres. Tras la ruptura con Sergio, los días fueron complicados, ya que no tenía amigas en Villamantilla y Pozuelo estaba a mucha distancia. Además, hacía tiempo que no tenía contacto con Sandra y con Sara, pues habían comenzado la universidad y forjado nuevas amistades, así que no encontré muchos apoyos.

Había querido a muchos chicos hasta entonces, o eso creía en aquel entonces, pero Sergio fue el primer hombre importante para mí. Con él aprendí tantas cosas, viví tantas experiencias nuevas... Él me ayudó a encauzar mi vida, a amar la lectura; él me introdujo al budismo, al yoga, a las filosofías de la India. Me abrió los ojos a un mundo nuevo lleno de posibilidades, me dio confianza en mí misma. Y, él ya lo sabe, nunca le estaré lo suficientemente agradecida por haber formado parte de mi historia.

A veces, amar a una persona implica desapegarse de ella para que pueda seguir su propio camino. Sergio, sin duda, desempeñó un papel central en mi historia. Muchas veces me he preguntado qué hubiera pasado si me hubiese marchado en ese vuelo. Obviamente, nunca tendré la respuesta a esa pregunta, aunque a veces, incluso hoy en día, creo que este giro del destino cambió mi vida de manera muy significativa.

Pero ahora comenzaba una nueva etapa. En septiembre me volví con mi abuela a Carabanchel. Empecé de nuevo a trabajar en la pizzería y a asistir a las clases en la Universidad. Ese año decidí repetir 2.º de filología árabe, pues había habido otro cambio de ley de educación y el nuevo sistema de créditos no convalidaba muchas asignaturas. Además, me habían quedado algunas pendientes, y no estaba muy contenta con la carrera ya que, después de 2 años, apenas sabía hablar árabe. Aun así continué con mis estudios, pues por aquel entonces ya era una mujercita más responsable.

A pesar de que no tenía relación con Sergio, seguí manteniendo contacto con algunos de sus amigos en Nueva York. Nos escribíamos cartas de vez en cuando, y en una de ellas, un amigo común me dijo que Álvaro iba a pasar la Navidad en Madrid. Aunque no le conocía mucho, me hacía ilusión contactar con alguien relacionado con Sergio y ver a una persona que había conocido en Nueva York, en Madrid, así que le llamé por teléfono un día antes de Nochevieja, y después de hablar un rato me invitó a ir a un pueblo de las afueras de Madrid a pasar la fiesta de fin de año con él. No me gustó la idea, pues por entonces ya no era una persona de fiestas, pero insistió tanto que accedí. Pasó a buscarme por casa de mis padres después de las uvas, y nos fuimos a la fiesta (que, casualmente, era en un pueblo a 15 km del nuestro).

Habían pasado 4 meses y medio desde que Sergio y yo lo dejamos, y, aunque traté de resistirme a mis impulsos, después de varias horas juntos, Álvaro y yo nos enrollamos. Admito que pasar esa noche con él fue una sorpresa para mí, pues nunca me había sucedido nada parecido en el pasado. Al día siguiente, me despedí pensando que aquello habría sido un encuentro esporádico, sin más. Pero nuevamente el destino tenía planes, y había una gran razón detrás de todo ello que yo aún no sabía, y que me costaría 5 años y mucho sufrimiento descubrir. Y la razón era yo.

No tenía intenciones de comenzar nada serio con Álvaro, pues se marchaba de nuevo a Nueva York en unos días, y una relación a distancia fracasada había sido suficiente. Pero empezó a venir a casa a buscarme, a llamarme para quedar... y así, sin pensarlo mucho, y sin gran oposición por mi parte, empezamos a salir.

Su vida era muy divertida. Conocía a mucha gente, siempre estábamos de un lado a otro visitando amigos, saliendo a tomar copas (volví a beber alcohol, pero esta vez de manera moderada) o viendo películas que él analizaba desde el principio hasta el final (gajes del oficio, supongo). Empecé a ser habitual en su casa y en su familia, que me acogió con mucho cariño. Gracias a Álvaro cambié mis hábitos de alimentación y comencé a comer verduras, pescado, y muchas otras cosas que hasta entonces me había negado a probar.

A los pocos meses de estar juntos, me invitó a pasar un fin de semana en su casa de Benicasim. Nos marchamos con la idea de pasar unos días juntos, lejos de las familias y de algún amigo que estaba intercediendo, no para bien, en nuestra relación. Y cuál no sería mi sorpresa cuando, al llegar allí, me propuso ir a pasar la noche a Valencia, a la Ruta del Bacalao.

Para quienes no hayan oído hablar de esto, era una ruta de discotecas en Valencia en la que la gente se drogaba, principalmente con éxtasis y anfetaminas, y pasaban el fin de semana de discoteca en discoteca escuchando música bacalao, muy parecida a la actual música tecno. ¡Me horrorizó la idea! No quería tomar drogas, ni me atraían nada las discotecas ni ese tipo de música. Pero si hay algo que caracteriza a Álvaro, es su capacidad de persuasión, así que, finalmente, nos fuimos. No voy a contar las drogas que tomé, pero sí quiero decir que fue una de las peores experiencias de mi vida. Y no solo porque sufrí un ataque de ansiedad que me duró varias horas, sino porque, dentro de mi embriaguez, pude ver cosas que nunca llegaré a entender: cómo unas niñas de 16 años salían de casa un viernes, vestidas «normales» (con unos vaqueros y una camiseta, por ejemplo), y con la ropa en una bolsa llegaban a la discoteca y se transformaban en mujeres de 20 años. Y cómo el hermano de una de ellas, varios años mayor, le daba pastillas para drogarse. Atrocidades que, ni en aquel entonces, ni ahora, logro comprender. Al menos esta horrible experiencia me ayudó a ver aquella realidad que se vivía en Valencia en los años 90, en la que muchos jóvenes murieron por sobredosis en la ruta, y por accidentes de tráfico. Por suerte yo sobreviví, aunque en algún momento de aquella noche pensé que no lo haría.

Después de ese incidente, seguimos con nuestra relación hasta que se marchó de nuevo a Estados Unidos. Decidimos que yo acabaría el curso en junio y me iría a pasar el verano con él y a trabajar. Viviría en su casa, y en septiembre volvería a Madrid para seguir con mis estudios. Para mí era una oportunidad de salir de Madrid, de volver a la Gran Manzana, esa ciudad tan fascinante que ya empezaba a ser algo familiar, así que a principios de julio de 1995 me marché a Estados Unidos. No llevaba mucho dinero conmigo, por lo que tenía que buscar trabajo rápido si quería quedarme hasta septiembre. Pero el gran problema, entre otros, era mi pésimo nivel de inglés.

Como ya he contado, al cambiar del colegio inglés al francés, mi mente se bloqueó y con muchas dificultades saqué el inglés en BUP, COU y selectividad (examen de acceso a la Universidad). Y ahora allí estaba, en Nueva York, con 21 años, sin saber decir ni «tenedor» en inglés y buscando trabajo de camarera. No era una tarea fácil, pero eso sí: mi intuición de hacía un año se había hecho realidad, y aquella habitación en el East Village, ahora era mi habitación.

La intuición, esa pequeña revelación que a menudo pasamos por alto, desempeña un papel crucial en nuestro viaje hacia la realización personal. A lo largo de mi vida he aprendido a escuchar ese instinto que a veces contradice la lógica o la razón. Cuando me alejé de lo que se esperaba de mí, cuando dejé atrás las expectativas ajenas, fue mi intuición la que me guio hacia un camino que, aunque desconocido, sentía que era el adecuado. Por eso, siempre trato de escuchar esa voz interior, y hacer caso de sus mensajes. Nuestra intuición es un arma poderosa que pocas veces falla. Solamente hay que confiar en ella, y el destino se encargará de lo demás.

El apartamento de Álvaro era un dúplex que compartíamos con dos compañeros: un chino-americano y un judío-americano. Ellos vivían en la planta de abajo, cada uno en su habitación, y se llevaban a matar, pero a nosotros no nos afectaba mucho, pues estábamos en la planta de arriba, donde teníamos el salón, la habitación, la cocina y nuestro cuarto de baño.

Cuando llegué ese verano a Nueva York una de las primeras cosas que hice fue llamar a Sergio para decirle que estaba allí. Se sorprendió mucho de saber que estaba saliendo con Álvaro, pues su relación no había terminado muy bien a causa del guion del cortometraje. No obstante, me dijo que, si yo era feliz, él también lo sería. Eso sí, me advirtió que, si tenía problemas con Álvaro, no corriera a él… Y no lo hice, pero tampoco nos vimos de nuevo hasta pasados varios años.

Buscar trabajo era una pesadilla: no tenía papeles (en aquel entonces tampoco importaba mucho), no sabía inglés, no conocía la ciudad. Estaba totalmente perdida, así que le pedí ayuda a Álvaro, quien me dijo que tenía que salir adelante por mí misma. Otra dura prueba de fortaleza que tuve que superar, y que ahora, en retrospectiva, agradezco. Crecer a través de obstáculos no es agradable, pero muchas veces nos fortalece más de lo que podemos llegar a imaginar. Aunque en el momento en que te encuentras ese obstáculo parezca insalvable, siempre hay salidas y, si estamos atentos, aprendizaje.

Tras muchas lágrimas y algunas visitas a establecimientos, por fin encontré trabajo en un pequeño, muy pequeño, restaurante de comida casera francesa: *Chez Brigitte*. Aunque no sabía nada de inglés, trabajaba con un chico latino que cocinaba mientras yo servía la barra (en el sitio no cabían más de 6 personas), y me iba traduciendo las comandas. Yo sonreía a los clientes, que la mayoría de las veces sentían compasión por mí.

Poco me duró ese trabajo, pues nos surgió un viaje de fin de semana a Atlantic City con unos amigos. Le pedí unos días de vacaciones al dueño y como me los negó… ¡me marché sin más! Ya vería más tarde lo que hacía, pero ahora tenía que ir a conocer Atlantic City. Aunque tampoco mereció mucho la pena, la verdad. Lo único que recuerdo es la avenida con hoteles y casinos, y que salté haciendo jumping desde una plataforma altísima... ¡y lo pasé fatal!

Al regresar a Manhattan, busqué un nuevo trabajo: *Santa Fe Burritos*, un *fast food* de comida mexicana... ¡un horror! Tampoco duré mucho allí. Pasé por varios restaurantes, italianos la mayoría, pero los dueños eran tan tiranos con las camareras que prefería no tener trabajo a someterme a unos seres despiadados. Finalmente encontré un puesto en un restaurante español: *La Xunta*. Era un local de tapas que llevaban dos socios americanos, de padres gallegos. Allí me sentía como en casa, pues hablaba español, la comida era española, el vino era español y a los clientes les encantaba tener a una española sirviendo las mesas, ¡aunque no entendiera ni papa de inglés! Empecé trabajando solamente los fines de semana, así que busqué otra cosa durante la semana, y encontré *Panne e Ciocolatto*, un bonito café-restaurante cerca de Washington Square, con comida de todos los lugares del mundo, y con un manager ucraniano, serio pero amable.

Recientemente he viajado a Nueva York con mi hija por el regalo de su 18 cumpleaños. Volví a buscar esos lugares que marcaron mis días en Manhattan, pero ninguno de ellos existe ya. El infalible paso del tiempo.

Mientras yo trabajaba, Álvaro se quedaba en casa, o salía con sus amigos. Por esa época empecé a fumar marihuana por las noches, cuando volvía de trabajar.

La convivencia con Álvaro no era fácil. Nos peleábamos bastante, teníamos ideales y principios muy diferentes y distintos modos de entender las cosas, pero, aun así, cuando llegó el momento de marcharme no lo hice. Supongo que la idea de volver a Carabanchel con mi abuela y a una rutina universitaria no me seducía del todo. Preferí quedarme viviendo mi vida en una ciudad que me aportaba experiencias vitales, emociones nuevas cada día. Así que en un golpe de valor llamé por teléfono a mis padres unos días antes de mi vuelo, y les dije que no volvía, que me quedaba a vivir allí, que tenía trabajo y me gustaba mucho la ciudad. Mis padres no entendían que quisiera dejar mi vida en España por un hombre. Pero no era solamente un hombre lo que me llevó a tomar la decisión, sino la libertad: la libertad de vivir en una ciudad donde era una más, donde pasaba desapercibida; la libertad de vivir mi vida sin que nadie me controlara, la libertad de gestionar mi dinero, la libertad de estar en EE. UU. con 22 años y ser independiente. Sé que para ellos fue muy duro, y que supuso una ruptura en nuestra relación (sobre todo con mi padre), pero desde muy joven había sido libre, y estaba acostumbrada a hacer lo que quería sin que nada se me pusiera por delante cuando tomaba una decisión. Era también consciente de las consecuencias de mis acciones, y estaba dispuesta a asumirlas.

A lo largo de mi vida me he enfrentado a momentos en los que seguir mi propio destino y mi camino interior ha implicado defraudar las expectativas de otras personas. A menudo, las personas que amamos pueden tener una visión preconcebida de lo que deberíamos ser o hacer en la vida. Sin embargo, no debemos olvidar que somos los protagonistas de nuestra propia historia, y que debemos tomar decisiones basadas en lo que sentimos en nuestro corazón, no en las expectativas ajenas. A medida que avanzamos en nuestro viaje, aprendemos que es esencial seguir nuestro propio camino, ya que al final, nuestra felicidad y realización personal dependen solamente de nosotros, y de las decisiones que tomamos en momentos cruciales. Si el miedo a defraudar condiciona nuestra decisión, quizá más adelante sentiremos que nos hemos equivocado, y buscaremos culpables. Pero si decidimos por nosotros mismos, cualquier error se convertirá en un aprendizaje de vida, pues entenderemos que dicha decisión formaba parte de lo que teníamos que aprender.

Cuando al cabo de un mes volví a España porque me cumplía el visado, mis padres y mi abuela, a la que había dejado sola, no me hablaban apenas. Así que me fui con la familia de Álvaro a Madrid y, después de unos días, nos volvimos a Nueva York. No forcé ninguna situación. A fin y al cabo, les había fallado, y entendía su malestar. Pero sentía que tenía que seguir mi camino, y así lo hice.

Me gustaban mis trabajos y mi vida en Manhattan, aunque mi relación con Álvaro era un tormento. Nos habíamos perdido el respeto, yo sentía que no valoraba nada de lo que hacía y, totalmente dependiente emocionalmente de él, me arrastraba por los suelos en busca de su perdón (aunque muchas veces no había hecho nada por lo que me tuviera que perdonar). Cuando se entra en una relación tan enfermiza, de tanta dependencia, se pierde la perspectiva, la objetividad. Pero yo, que tenía el alma de salvadora del mundo, ahí seguía, dispuesta a mostrarle que estaba equivocado y que yo valía mucho.

Ahora he aprendido que, a veces, volcarnos en darlo todo por una persona que no corresponde a nuestros sentimientos se convierte en un ancla que nos impide avanzar en nuestro propio desarrollo. Sin embargo, nos aferramos a la idea de que esa persona es todo lo que necesitamos para ser felices, y en el proceso, perdemos de vista las oportunidades y experiencias que el mundo tiene para ofrecernos.

Durante un tiempo, además de trabajar en los restaurantes, empecé un trabajo en una productora de cine. Así que también estuve en ese mundillo. La oficina estaba en la 5.ª Avenida de Nueva York. Recuerdo ir caminando al trabajo con mi walkman escuchando la canción de «New York, New York» de Frank Sinatra, y decirme a mí misma: *"Si puedo conseguirlo aquí, puedo conseguirlo en cualquier parte del mundo"*. Y es que, a pesar de que mi estado emocional estaba devastado, mi fuerza interior seguía viva, con ganas de luchar y demostrarme que podía, que valía, y que lo lograría.

Con todo este trabajo ganaba bastante dinero, pues, aunque el sueldo era muy bajo, en EE. UU. la propina es obligatoria y mis propinas solían ser buenas. Un día, entre el trabajo del restaurante y el de *La Xunta*, ¡me saqué 700 dólares! Pero esto no era lo normal, aunque sí que tenía dinero para vivir desahogada.

Cada tres meses volvíamos a España ya que se terminaban nuestros visados. Pasábamos unos días allí y después nos volvíamos.

La primera vez que Álvaro estuvo en EE. UU fue con un intercambio en COU (2º de Bachillerato). Se fue con una familia de Philadelphia, que se convirtió en su segunda casa. Tuve la suerte de visitarlos varias veces. Eran unas personas muy amables, generosos y peculiares. En una de las ocasiones asistimos al entierro del abuelo: típico entierro que había visto en las películas, con bandera americana y todas las formalidades incluidas, pues había formado parte del ejército. Luego la celebración en casa, con merienda e invitados, que tanto nos llama la atención a los españoles. Otra de las veces fuimos a la boda de la hija mayor: una boda de película, con las damas de honor vestidas igual, una sala enorme y rimbombantemente decorada, música al más puro estilo yankee, y comida... bueno... ¡Comida americana!

No tenía muchas amigas en Nueva York. De hecho, recuerdo a la cocinera y al cocinero de *La Xunta* y su hermana, a una de las camareras que era de Barcelona... y poco más. Apenas salía, pues trabajaba mucho y el tiempo libre lo pasábamos en casa viendo pelis y fumando.

Uno de los mejores momentos en el invierno era cuando nevaba: esas nevadas neoyorkinas que te dejan aislado hasta que se quita la nieve con palas. En esos días de invierno, cuando abría los ojos y desde la cama veía todo blanco pensaba: *"Qué bien, hoy no trabajo"*, y llamaba al restaurante para decir que no iba, pues realmente me era difícil salir de casa a las 8 de la mañana con tal capa de nieve en la calle. Las primeras horas de una nevada en Manhattan son, realmente, un espectáculo.

Mi vida allí no era fácil, pero era intensa. Las peleas con Álvaro eran casi cotidianas, y en uno de los viajes a España decidimos que yo me quedara para ver si, estando separados, las cosas mejoraban un poco. Además, a él le había tocado la Green Card (tarjeta de residencia) en un sorteo, y tenía que pasar el año en Estados Unidos, aunque saliera de vez en cuando.

Pero, cosas del destino, Álvaro enfermó. No sabíamos qué le pasaba, pero sufría mareos, vértigos, se le dormían las manos y los pies, y tuvo que ser ingresado un par de veces. Y yo, nuevamente salvadora del mundo, me fui a Nueva York a acompañarle y cuidarle. Y me quedé de nuevo.

Álvaro, que no había encontrado trabajo en el cine en la ciudad, pensó que en Los Ángeles podría tener más futuro. Así que decidió mudarse allí, y que yo me quedara en Nueva York a trabajar. Tenía muchas cosas que llevarse, y hacerlo en avión era complicado, así que, sin más, nos hicimos un viaje de costa a costa de los Estados Unidos. Su segundo padre de Philadelphia le regaló un coche, recogimos sus cosas, y nos marchamos por carretera a Los Ángeles.

Comenzamos conduciendo de Nueva York a Chicago. Allí visitamos la Sears Tower (por aquel entonces la torre más alta del mundo), el lago Michigan y un poco de la ciudad. No hacíamos mucho turismo, ya que Álvaro quería llegar pronto a Los Ángeles, pues le habían dicho que había posibilidades de entrar a trabajar en el rodaje de un conocido director latino. De Chicago cruzamos el Estado de Iowa, parando solamente a dormir, y llegamos al Dakota del Sur. Allí visitamos el Monte Rushmore, con las caras de los presidentes esculpidas en la piedra, un nuevo proyecto que se llamaba Crazy Horse, en memoria de los indios nativos americanos, y las Badlands, unas formaciones montañosas espectaculares erosionadas por el agua y el viento debido a la falta de vegetación.

Pasamos por Wyoming, y llegamos a Colorado. Me gustó mucho ver las altas montañas nevadas y cruzar el famoso río Misisipi, que tanto había visto en las películas de vaqueros que le gustaban a mi padre. Paramos en

Denver a dormir, pero apenas visitamos la ciudad, pues no nos atrajo mucho desde el principio. Íbamos sin planes, sin hoteles; parábamos a dormir en moteles de carretera, comíamos en restaurantes típicos de la América profunda, y pasábamos horas y horas en el coche disfrutando del paisaje, que en Estado Unidos es maravilloso, pues tan pronto estás en una carretera que son kilómetros en recta, como te encuentras en lo alto de las montañas de Colorado o en el Death Valley, el punto más bajo de EE. UU., o te cruzas con un auténtico cowboy montado en su caballo, llevando un rebaño de búfalos.

En el Parque Nacional Badlands, Dakota del Sur

Desde Colorado nos dirigimos a Utah. Allí quería haber visitado alguna reserva de indios nativos, pero Álvaro dijo que era peligroso, así que me quedé con las ganas. En esas tierras del interior de EE. UU. me sentía como en casa. Siempre me ha atraído la cultura de los indios de Norteamérica, y el no poder visitarlos en aquella ocasión se quedó como una tarea pendiente en el listado de experiencias. Así que ahora estoy planeando una incursión de varios meses en alguna reserva, para poder aprender lo poco o mucho que quede de una cultura tan fascinante, tan arraigada a la tierra, como la de los nativos americanos. Solo queda esperar a ver qué deparará el destino.

De Utah nos fuimos a Nevada, a Las Vegas. Pasamos allí dos días muy divertidos: montañas rusas dentro de los hoteles, luces por todas partes, atracciones que nunca habría podido imaginar, casinos, gente extravagante de todo el mundo, capillas que te casaban en el momento… Todo lo que había visto en las películas estaba ahora delante de mí, y estaba como en una nube. No es un lugar que me guste especialmente, pero creo que, si se tiene oportunidad, hay que verlo al menos una vez en la vida, porque aquella ciudad que aparece de la nada en medio del desierto… ¡solo puede existir en Norte América!

Desde las Vegas nos fuimos a Los Ángeles donde un conocido de Álvaro, que trabajaba cuidando un barco en la marina de la costa, nos dejó quedarnos unos días a vivir allí. Finalmente, no le dieron trabajo en la producción, pero decidió quedarse igualmente en L. A. y yo me volví a Nueva York, aunque no por mucho tiempo…

Como ya he dicho, era muy dependiente emocionalmente de Álvaro y la idea de estar en Nueva York sin él para mí no tenía mucho sentido. A fin y al cabo, había dejado mi vida en España para estar juntos, así que, después de varias discusiones telefónicas, decidimos que me marchara otra vez a Los Ángeles. Cuando recuerdo aquella imagen alejándome de Manhattan en el taxi, sin saber si algún día volvería, aún se me saltan las lágrimas.

Y es que Nueva York es una ciudad fascinante, una ciudad llena de vida, de cultura; una ciudad de fusiones, de variedad. Me quedé enamorada de la Gran Manzana, y cuando he vuelto a ir, casi 30 años después, ese amor ha vuelto a renacer. O quizá es que nunca murió.

Al llegar a L. A. nos quedamos en casa de la novia del hermano de Jaime, uno de los mejores amigos de Álvaro en España que, coincidentemente, estaba viviendo en Los Ángeles porque quería abrirse paso en el mundo de la publicidad. Después de unos días viviendo todos en su casa, Antonio, Álvaro, otro chico mexicano y yo nos fuimos a un apartamento. Estos fueron, quizá, los peores meses de mi vida en Estados Unidos. No encontraba trabajo en aquella inmensa ciudad que no conocía. Me pasaba horas encerrada en el apartamento, llorando, escribiendo, sin saber qué hacer con mi vida, y discutiendo con Álvaro. Realmente no tenía mucho sentido seguir allí, así que después de una visita express a San Francisco, Santa Barbara y Los Gatos, me volví a España, ¡una vez más!

Esta vez traía una tarea encomendada: Álvaro y yo habíamos estado trabajando en la traducción al castellano de su cortometraje de fin de carrera y en España, unos meses antes, habíamos trabajado en los laboratorios de sonido haciendo el doblaje. Pero ahora quedaba la parte de la edición final, y mientras él estaba en Los Ángeles buscándose la vida, yo me encargué de la edición del corto. Esta experiencia me ayudó a vivir el mundo del cine, que tanto me fascina, desde dentro. El resultado final fue bueno, aunque no llegó a ninguna parte.

Necesitaba dinero para vivir. El padre de Álvaro me buscó un trabajo como camarera en un restaurante de un pueblo cercano al de mis padres, y estos me readmitieron en casa, como a la hija pródiga. A pesar de no estar de acuerdo con mi relación con Álvaro, ni con la manera en que estaba gestionando mi vida, me respetaron y me apoyaron en todo lo que pudieron, algo que agradezco enormemente, pues sé el dolor que suponía para ellos verme en una relación tan tóxica y no poder hacer nada. Y es que casi siempre es más fácil ver el dolor que generan estas relaciones desde fuera. Cuando se está viviendo una situación así, buscamos excusas para justificar nuestro comportamiento, y lo que digan los demás solamente sirve para reafirmarnos más en nuestra posición. Solamente tomando conciencia por una misma se puede salir de una relación dañina. Mientras tanto, lo mejor que pueden hacer las personas que nos rodean, es sostenernos y apoyarnos en los momentos más difíciles. Y eso es lo que hicieron mis padres, y muchas de mis amigas de aquel entonces.

En el pueblo hice buenos amigos con los que salía después del trabajo. Incluso llegué a plantearme dejar a Álvaro (era finales del año 1997, y en todos los bares sonaba «Corazón Partío» de Alejandro Sanz), pero él, esta vez viendo que podía perderme, me pidió tras unos meses en España que me volviera a Los Ángeles a intentarlo por última vez. Y volví… ¿Cuántas veces habré hecho el vuelo de Madrid a Nueva York y Los Ángeles? Nunca las he contado, pero debieron ser muchas… muchísimas. Y algunas de ellas con el visado caducado y pasando mucho miedo en las aduanas, porque cruzar a Estados Unidos impone mucho respeto, y nunca sabes si vas a llegar al otro lado…

Volví a Los Ángeles. Ahora Álvaro vivía en una casa diferente, en un barrio no muy bueno, con un chino y un americano que se llevaban, de nuevo, a matar. Pero esta vez literalmente, porque varias veces llegaron a pegarse. Y la casa era pequeña: solo teníamos una habitación para los dos y el resto era compartido en un espacio mínimo. Para la Nochevieja de ese año decidimos irnos de viaje a Baja California. Pasamos unos días en San Diego y La Joya, pues Álvaro tenía unos amigos (conocía a gente por todas partes, y lo sigue haciendo ¡por todo el mundo!). Allí había casas de película, playas de película... todo ¡de película! (es decir, bajo mi punto de vista, ficticio). Después, pasamos la frontera mexicana y llegamos a Tijuana, ¡donde pasé bastante miedo! Los hombres me miraban mucho, el ambiente estaba muy enrarecido por las calles, donde todo el mundo parecía sospechoso. Por suerte, pronto nos bajamos por la costa a Ensenada, una pequeña población. Una de las cosas que más me llamó la atención en este trayecto del viaje, era ver que las casas eran chabolas hechas de chatarra, plásticos, ramas... ¡pero todas tenían antenas parabólicas! *"Esta es la sociedad de consumo"*, pensaba para mí.

En Ensenada estuvimos visitando playas y desiertos, y en una de las carreteras por las que circulábamos nos paró la policía... ¡mexicana! Con escopetas apuntándonos nos hicieron salir del coche y abrir el maletero. No llevábamos nada ilegal, y al enterarse de que éramos españoles, nos dejaron marchar sin sobornos. Pasé miedo, la verdad.

Nos alojamos en un motel cerca de la playa y queríamos ver cómo se celebraba la nochevieja en México. Pero fumamos algo de marihuana... ¡Y nos quedamos dormidos! Cuando nos despertamos, ya habían pasado las 12 de la noche, y nos volvimos a dormir.

Al regreso, al pasar por la famosa frontera entre Estado Unidos y México, algo me sorprendió enormemente: el oficial americano nos miró por la ventanilla, y sin pedir pasaporte, nos dejó pasar. Entonces me di cuenta de lo injusto que eso era: si yo hubiera sido mexicana, pero con rasgos occidentales, hubiera pasado sin necesitar documentación; pero los mexicanos con rasgos indígenas, esos tenían prohibido el paso a América. Es decir, que los simples rasgos eran los que determinaban tu libertad… ¡Qué triste! Y de regreso veía en la autopista señales que tenían dibujadas a una familia con niños corriendo. Peligro: inmigrantes cruzando. Para mí fue un choque brutal. Recordemos que eran los años 90, y en España en esa época la inmigración era muy escasa.

Al volver de nuestras minivacaciones al apartamento compartido, decidimos que no podíamos vivir así, con peleas constantes de nuestros compañeros de piso, además de las nuestras. Así que buscamos una casa para mudarnos.

Esta vez había encontrado trabajo más fácilmente. Haciendo algunas artimañas, me contrataron de camarera en una heladería-hamburguesería de Santa Mónica, en el Promenade: *Charlie Temmel*, famoso en la zona por sus helados de receta casera austriaca (y que ahora, según he visto en Internet, está en Venice Beach). Charlie, el dueño, era íntimo amigo de Arnold Schwarzenegger, quien pasaba muchas veces por el local, aunque yo nunca llegué a verle. También trabajé unos días en un restaurante un poco más lujoso, donde tenía que llevar corbata. Recuerdo que un día vino un cliente que se sentó en una mesa de fuera, y el manager me pidió que fuera yo a servir y que le atendiera muy bien. Salí sonriente y les di el menú a los dos comensales. Uno de ellos me preguntó que de dónde era, y al decirle que española, me dirigió una sonrisa que me resultó muy familiar... ¿Dónde la había visto antes? Cuando entré, las otras camareras estaban cuchicheando nerviosas, y al preguntar qué pasaba, me dijeron: "Es Jim Carrey". ¡Claro, por eso me sonaba su sonrisa! Y obviamente, cuando volví a la mesa, ya estaba nerviosa yo también. Qué curioso cómo nos influyen estas situaciones. Si hubiera sido una persona «normal», no hubiera estado nerviosa. Y, sin embargo, estaba delante de una gran estrella de Hollywood... ¡Y me temblaba todo!

Y hablando de Hollywood. Después de salir de la casa de las disputas, un amigo de Álvaro nos dio cobijo en su casa de Hollywood Boulevard por unos días hasta que encontráramos otra cosa. Desde allí tenía que recorrer en coche las enormes autopistas de Los Ángeles, a las 9 de la mañana, para ir a trabajar a Santa Mónica. El tráfico era horrible, y a veces me observaba a mí misma dentro de aquel gran coche americano, conduciendo por las autopistas de Los Ángeles, con 24 años y me preguntaba *"¿Cómo has llegado hasta aquí desde tu casita de Pozuelo?"*. Porque aquello sí que era vivir en una película constante: pasear por UCLA (la Universidad de Los Ángeles) o por Sunset Boulevard, la gigantesca calle que nunca acababa, estar en Rodeo Drive (¡donde se rodó Pretty Woman!) o ir a ver las mansiones de Beverly Hills... ¿No es de película?

Por fin, Álvaro y yo encontramos una casa de ensueño. Pertenecía a un americano que vivía con su pareja, costarricense. Estaba en una colina de Silver Lake, con terraza, vistas al valle, jacuzzi... Y como ellos se marchaban a Costa Rica en dos días, querían alquilar una habitación a alguien para que la cuidara. Así que, después de una entrevista en la que les gustamos, nos trasladamos allí. Teníamos solamente una habitación para nosotros, y nos pasamos el día organizando nuestras cosas para sentirnos cómodos en nuestro espacio.

La pareja era muy agradable y nos acogió con cariño, o al menos eso parecía. En la segunda noche de estar allí miré la habitación antes de dormir y le dije a Álvaro: "Ahora sí que es un pequeño hogar". Antes de dormirnos nos salimos a fumar, ya que teníamos una puerta que daba al jardín, y nos acostamos.

En la casa había calefacción por el suelo, y era enero. A eso de la una de la madrugada, salimos los dos al cuarto de baño y todo estaba en orden. Pero sobre las 4:00 am de pronto un ruido ensordecedor me despertó. Abrí los ojos, miré la habitación, ¡y vi el marco de la puerta ardiendo! ¡La casa estaba en llamas! Desperté a gritos a Álvaro, que lo primero que hizo fue golpear la pared para despertar al dueño y su pareja, que dormían en la habitación de al lado. Además, se sobresaltó tanto que, sin pensar, abrió la puerta, ¡y el fuego corrió dentro! Comenzó a saltar de un lado a otro sin saber que hacer, intentando incluso coger el teléfono para llamar a los bomberos, lo que le produjo grandes quemaduras en los dedos. Yo, mientras tanto, había abierto las puertas que daban al jardín y tiraba de todo lo que estaba a mi alcance para salvarlo.

Nuestra gran sorpresa vino cuando vimos que el dueño y su novio estaban en el jardín, por la parte de atrás, con una manguerita intentando sofocar un fuego que había llegado a los árboles y devoraba la casa (ya que en EE. UU. están hechas de materiales prefabricados, de modo que el incendio se había extendido rápidamente). ¡Y ellos no nos habían avisado para salir!

Los bomberos tardaron en llegar, pues el camión no pasaba por el estrecho callejón en el que estaba la vivienda. Los helicópteros de noticias nos sobrevolaban, y en seguida llegaron agentes de seguros para vendernos pólizas... Y todo esto mientras veía arder todo lo que tenía en ese momento: libros, ropa, apuntes, cintas de música... todo... Parece mentira lo que la mente puede recapitular en un momento así, pues hizo un repaso de todas y cada una de las cosas que iba a perder en aquel fuego.

Perderlo todo en un incendio fue una experiencia muy dura. Ver cómo las llamas devoraban todo lo que había conseguido durante años, reduciendo a cenizas recuerdos, objetos queridos y la seguridad que proporciona un lugar que ya consideraba mi hogar, me dejó una profunda sensación de pérdida. Pero también me enseñó una lección importante sobre el desapego y el destino. Y es que a veces, la vida nos obliga a soltar lo que creemos que es nuestro para siempre. En medio de aquella situación, comprendí que, a pesar de haber perdido mis posesiones materiales, seguía viva, y que mi verdadero valor no estaba en las cosas que tenía, sino en quién era como persona. A través de esta experiencia, aprendí a valorar lo efímero de la vida y la importancia de mantenernos flexibles ante los cambios inesperados que nos depara. Esta, sin duda, ha sido una de las experiencias de más aprendizaje para mí.

Finalmente, cuando pudieron extinguir el fuego entramos en lo que quedaba de habitación y recogimos las pocas cosas que, medio calcinadas, nos quedaban. Por suerte, el ordenador de Álvaro y su película del cortometraje se salvaron, así como nuestros pasaportes... (aunque estaban medio quemados).

El dueño de la casa, muy apenado por lo ocurrido, nos dijo que nos pagaría un hotel unos días hasta que encontráramos otro sitio donde ir. Aquella noche desde el hotel veíamos la lluvia correr por las calles, pues la tormenta El Niño llegó a L. A.

¿Cómo ir a trabajar al día siguiente? Lo había perdido casi todo, estábamos en la calle... y mi ánimo estaba por los suelos. Llegué al restaurante y le pregunté a Charlie si me podía marchar, ya que mi casa se había quemado y estaba devastada. Charlie me miró y dijo: "No es mi problema". Ahí entendí que en América (y ahora en más partes del mundo), tú no importabas como persona, sino que eras solamente una máquina de producir dinero. Y con lágrimas en los ojos, me quedé trabajando.

Todo lo que habíamos rescatado estaba en el maletero del coche. La ropa se la llevaron a una máquina de ozono para quitarle el olor a humo, aunque nunca se fue del todo. Cuando salí de trabajar ese día, nos fuimos a comer a un restaurante. Aparcamos, y al salir, vimos un camión de bomberos al lado de nuestro coche. Los dos nos asustamos, pensando que no podía ser posible: "¡No, el coche también no!" –nos dijimos. Pero por suerte estaban atendiendo al vehículo de al lado, que se había recalentado.

Después de tres noches en el hotel, el dueño, que había sido muy amable hasta entonces y que nos había prometido que su seguro cubriría nuestras pérdidas, se enteró de que su póliza no cubría más de cierta cantidad de dinero (no mucha), y que no incluía nuestras pérdidas.

Es decir, que tenía que quitarse de su dinero para pagarnos a nosotros. En ese momento todo cambio: dejó de costearnos la habitación del hotel, nos dijo que no nos iba a dar nada, y nos dejó de hablar. Así que, ahora sí, estábamos en la calle.

Un amigo español de Álvaro nos acogió en su casa, pero pronto entendimos que ese fuego nos quería decir que era hora de marcharse de América. Yo llevaba casi un año en Los Ángeles, y Álvaro algo más, y su carrera de cineasta no había llegado a ningún sitio. Quizá era momento de irse a casa e intentarlo allí. Así que, después de visitar Disneyland y Los Estudios Universal, nos volvimos a Madrid.

El padre de Álvaro era abogado e interpuso una demanda contra el dueño de la casa. La ganó, y unos años más tarde recibimos una pequeña indemnización.

¿Qué fue lo que provocó aquel fuego? Si bien en un principio nos hicieron creer que fue un accidente, y que algo salió ardiendo por causa de la calefacción, lo cierto es que cuando nos levantamos para ir al cuarto de baño todo estaba bien. No había nada encendido ni olía a quemado. Y, sin embargo, al poco tiempo, todo ardió. La reacción del dueño de la casa, que tenía negocios en Costa Rica y creíamos que evadía impuestos en EE. UU, nos llevó a pensar que pudo ser provocado, ya que todas las facturas del negocio, que guardaba en su casa, se quemaron. Y el hecho de que no nos avisaran en cuanto vieron que la casa ardía, también nos llevó a pensar en la posibilidad de que, quizá, hubieran querido deshacerse de nosotros para cobrar algún tipo de seguro extra. Pero todo son especulaciones, y no sabemos qué provocó realmente el incendio. Lo que sí que sé es que supuso una gran lección para mí: mi primera lección brutal de desapego.

Hacía ya unos años que había entrado en contacto con el yoga, los libros de budismo, meditación, y filosofías hinduistas que tanto hablan de la impermanencia y la importancia de vivir el presente. Pero una cosa es la teoría de lo que leemos y nos resuena, y otra es la práctica. Y en este momento de mi vida me enfrentaba a la práctica. No teníamos nada, y con las manos vacías volvíamos a empezar de nuevo de cero.

Al llegar a Madrid, me apunté a un curso de yoga en el Centro Sivananda, donde aprendí lo básico para poder seguir practicando sola en casa. No hacía meditación, ya que no le encontraba el sentido a quedarse quieta, respirando, sin algo más de fondo que nadie me había sabido explicar, y que tampoco había entendido cuando buscaba en los libros. Así que me limitaba a hacer asanas y algo de respiración.

El nuevo cambio para Álvaro no era tan complicado, pues sus padres tenían medios para apoyarlo económicamente, y pronto encontró trabajo en el programa de televisión *Quién sabe dónde*. Pero yo tenía que sobrevivir y buscarme la vida de nuevo. Esta vez estaba más perdida que nunca…, así que, mientras veía qué hacer, viajé con Álvaro por España buscando a personas desaparecidas. Fue una experiencia muy interesante, pues pude conocer desde dentro el mundo de la televisión, y muchos lugares de mi país.

Ya en Los Ángeles, Álvaro había comenzado a escribir un guion de cine de su cortometraje de fin de carrera, y le estaba ayudando. Trabajamos muy duro en aquel proyecto, pasando muchas horas encerrados entre papeles, pero nunca conseguimos vender el guion, que quedó en el olvido.

Esto supuso una frustración para los dos, pero ahora he entendido que a veces los proyectos profesionales no salen como uno espera, y eso está bien. Creo que debemos poner todo de nuestra parte para que el proyecto funcione, sabiendo que el resultado final no siempre depende de nosotros. Por eso no tenemos que aferrarnos a las expectativas no cumplidas, sino aprender de esas experiencias y seguir adelante con humildad y apertura a lo que el futuro nos depare. Hay que pensar que estos desafíos profesionales nos ayudan a crecer, y nos guían hacia donde realmente debemos estar en nuestro viaje personal y profesional.

Me gustan mucho los animales. Siempre he crecido rodeada de perros, así que pensé que podía dedicarme a ellos, que me parecían más nobles y sencillos que los humanos. Me apunté a un curso de dos años de asistente de clínica veterinaria, y aunque me gustaba mucho, no lo terminé, pues creí que no tendría futuro laboral.

Durante el tiempo que pasé en EE. UU., mi abuela se había ido a vivir a otro piso más cerca de una de mis tías, así que su casa estaba vacía. Le preguntamos si nos podíamos quedar allí un tiempo hasta que encontráramos algo para nosotros, y nos lo cedió, volviendo de nuevo al punto de partida: Carabanchel.

Álvaro tenía mucha amistad con Jaime (el hermano de Antonio, con quien vivimos en Los Ángeles). Casi todas las semanas quedábamos las dos parejas para cenar, y para pasar una velada juntos. Una noche, Jaime y Lucía (su pareja de entonces) nos invitaron a su casa a ver las dispositivas del viaje que unos amigos suyos habían hecho por India. Aquel encuentro con Atoya y Juan Carlos fue revelador para mí: era una pareja joven que había viajado a la aventura. Nos contaron mil anécdotas y experiencias que me fascinaron, y que me hicieron despertar aún más las ganas de conocer India. Además, ambos eran trabajadores sociales, una profesión de la que nunca había oído hablar. Les pregunté, interesada por esos estudios, y, gracias a ellos, vi claramente que esa era mi vocación: estudiar una carrera que me permitiera dedicarme a ayudar a los demás.

En mi búsqueda personal, he aprendido que ayudar a los demás de manera honesta y desinteresada, olvidándonos de nuestras propias preocupaciones, puede ser profundamente gratificante. Cuando ayudamos sin esperar nada a cambio, liberamos nuestras ataduras a las recompensas y reconocimiento personales, y encontramos una forma pura de conexión humana. Ahora entiendo que recorrer ese camino del trabajo social era parte de mi destino, un lugar al que tenía que llegar.

Pasamos el verano de 1998 en casa de los padres de Álvaro con ellos, y la convivencia fue, un año más, muy complicada. No comprendía su forma de comunicarse, y en la casa siempre había tensiones. Además, mi relación con Álvaro no había mejorado en todos estos años y ahora, para más inri, vivía con nosotros Mitra, mi perrita, que no fue del todo bien recibida.

En septiembre comencé la carrera de trabajo social. Nos volvimos a casa de mi abuela a Carabanchel con Dalí, un gatito blanco que habíamos adoptado. Mientras yo iba a la universidad por la tarde, Álvaro se quedaba en casa. Pero cuando llegaba de clase, era yo quien tenía que hacer la cena, y por la mañana, la comida y estudiar. Mi vida no era precisamente bonita en ese momento… no lo había sido en los últimos 4 años, aunque siguiera adelante con la relación por cuestiones que, como dije anteriormente, se debían más a mi dependencia emocional y a mi errónea creencia de que Álvaro cambiaría su visión un día y se daría cuenta de la mujer tan maravillosa que tenía a su lado. Pero la gente difícilmente cambia cuando nosotros lo queremos. Si lo hacen, es cuando están preparados para ello, y él aún no lo estaba.

Todos tenemos nuestro propio ritmo y tiempo para crecer y transformarnos, y a veces es necesario dejar que la vida misma sea la maestra que nos guíe hacia el despertar. Al liberar nuestras expectativas y deseos de controlar a los demás, podemos encontrar un sentido más profundo de paz y aceptación en nuestras relaciones.

La universidad me permitió salir de esa burbuja en la que solo existían Álvaro y sus amigos, y comenzar a relacionarme por mí misma, como Cristina. Desde los primeros días conocí a mujeres maravillosas, independientes y fuertes, que siguen siendo buenas amigas, y empecé a confiar en mí y en mis posibilidades. Iba muy bien en los estudios, sacaba muy buenas notas, me gustaba lo que hacía y sentía que mis amigas me apreciaban por quién era realmente. Y poco a poco empecé a quererme un poquito… Hacía un esfuerzo muy grande trabajando, estudiando y llevando la casa, pero, aun así, no me sentía valorada por Álvaro.

Saqué muy buenas notas en 1.º de Trabajo Social, incluso alguna matrícula de honor.

Llegaba de nuevo el verano. Mi abuela había vendido el piso, y la idea de pasar otro año en el chalet con Álvaro y sus padres no me seducía nada, pero no tenía muchas más alternativas, así que me fui de nuevo con ellos. Fue un verano tan horroroso que, al llegar septiembre, decidí que me iría a vivir sola.

No sé de dónde saqué las fuerzas para tomar esa decisión. No tenía nada, solamente a Mitra y un Ford Fiesta rojo. Había trabajado en verano en el chiringuito de una piscina municipal, pero no tenía mucho dinero ahorrado. Aun así, pensar en seguir viviendo en aquel chalet que no era mi casa, con los padres de Álvaro viniendo cada fin de semana, estudiando y yendo a Madrid a diario, me horrorizó. Así que le dije que quería irme a vivir sola a un pueblo cercano por el que habíamos pasado un día y que me había enamorado: Fresnedillas de la Oliva. Seguiríamos juntos, pero cada uno viviendo en su casa, para ver cómo nos iban las cosas.

Tengo que admitir que fue una de las mejores decisiones de mi vida. Me alquilé una casita baja con dos habitaciones, salón, cocina y baño. Uno de los días en que estaba haciendo la mudanza, vimos pasar por delante de la casa a un niño y una niña, de 2 y 3 añitos respectivamente, descalzos y medio desnudos, y detrás de ellos una hermosa mujer con un cesto de mimbre lleno de frutas y verduras. Fue amor a primera vista, pues aquella hermosa mujer, Nuria, se convirtió en una de mis mejores amigas. Desde ese día hasta hoy nos hemos acompañado, amado y cuidado.

Encontré trabajo en un precioso restaurante de Valdemorillo, un pueblo cercano a Fresnedillas, llamado *Elegido*. El dueño, que era amigo de Jaime y una bellísima persona, me contrató para trabajar los fines de semana. En septiembre de 1999, empecé una nueva vida: viviendo sola con Mitra en mi casa, estudiando Trabajo

Social por las tardes, y trabajando los fines de semana en *Elegido*. Una vida bastante perfecta, excepto por mi turbulenta relación con Álvaro.

Recuerdo un día que, yendo en coche a casa de sus padres por la M-30, empezamos a discutir y me dijo que lo que estudiaba no valía para nada. Aquello fue la penúltima gota del vaso. Me dolió tanto, que en cuanto llegamos, me marché. No podía seguir soportando ese trato tan denigrante. Estaba haciendo una carrera que me gustaba, sacaba buenas notas, vivía sola, trabajaba, ¿y no era lo suficientemente válida? ¡Ya no me lo creía más! No, porque mis amigas de la universidad me enseñaron a entender que lo era. Y me di cuenta de que, realmente, era una persona a la que no se le valoraba.

A partir de ahí empecé a plantearme dejar la relación. Las cosas eran duras en ese sentido, pues cuando estaba sola en casa era feliz, estaba tranquila, confiada, segura de mí. Pero cuando quedaba con Álvaro de nuevo me empequeñecía, me volvía nada, tenía miedo. Y aquello se empezó a somatizar, de manera que cuando llegaba a su casa me entraban dolores de tripa, de cabeza, malestar.

Se acercaba la Nochevieja del año 2000... ¡El famoso y esperado año 2000! Recuerdo que cuando era pequeña todo lo medía a partir del 2000: *"En el 2000 tendré 27 años, estaré casada y tendré 2 hijos, uno mío y uno adoptado de India"*. Nada más lejos de la realidad.... Pero el año 2000 seguía siendo muy importante para mí. Era el cambio del milenio, ¿y quién tiene la suerte de vivir un cambio de milenio? No es algo que pase todos los días, y no estaba dispuesta a empezar tal y como estaba. No. Tenía que tomar la decisión ya. Así que avisé a Álvaro unos días antes: "El día 1 de enero dejaré de estar contigo" (recordemos que habíamos comenzado a estar juntos el 1 de enero de 1995, hacía justamente 5 años). Obviamente, él no me creyó y siguió como si nada; y yo también, pero decidida a empezar el milenio sin él.

Y llegó el 31 de diciembre. Álvaro quería que fuéramos a Madrid a cenar con sus padres, y los míos querían que fuera con ellos. Pero decidí quedarme sola. Estábamos en el chalet de los padres de Álvaro, y él se marchó algo molesto; también mis padres se molestaron, pues no entendían que quisiera pasar aquella Nochevieja sin compañía. Pero para mí era un día muy importante, y necesitaba soledad. Así que allí me quedé, viendo cómo se iban celebrando las entradas en el milenio en todo el mundo: China, India, Europa... España.

Después de escribir unas reflexiones en mi diario, me senté delante de la chimenea encendida, cerré los ojos y respiré. Era el año 2000, y estaba dispuesta a que mi vida cambiara.

Capítulo Cinco

Un Nuevo Milenio: El Eclipse

Sobre la 1 de la madrugada Álvaro vino a buscarme para irnos a una fiesta en Valdemorillo, un pueblo cercano, con amigos, entre ellos Jaime. Le dije que iría con él, y le aclaré que, para mí, ya no estábamos juntos a partir de ese momento. Él siguió sin creerlo y lo entiendo, pues no es habitual que alguien te deje con una fecha pronosticada, pero en mi interior el lazo entre nosotros estaba roto, y esta vez estaba segura de ello.

Nos reunimos a celebrar el nuevo milenio. Yo no bebía alcohol, pero sí había fumado marihuana. En un momento dado de la noche, miré a Álvaro y vi a su alrededor una energía oscura, algo que no me gustó... que me aceleró el corazón. Tratando de relajarme, miré a Jaime y, en él, vi... ¡a mi alma gemela! Fue un momento de impacto, pues aparte de una bonita amistad, nunca me había sentido atraída físicamente por él. Es verdad que compartíamos muchas cosas, que nos llevábamos especialmente bien, que cuando quedábamos las dos parejas, éramos nosotros dos los que casi siempre llegaban a ver el amanecer, pero nunca pensé que aquello pudiera pasar de una amistad, hasta esa noche. Me asusté, pues Jaime llevaba años con Lucía, y aunque la relación no iba muy bien, vivían juntos, eran pareja, y eran mis amigos.

Un poco agobiada, me fui al jardín de la casa. Estaba nevando, pero salí sin abrigo. Comencé a temblar, no sé si por el frío o por la sensación tan extraña que estaba teniendo. Y entonces decidí respirar. Respiré, respiré tranquilamente, sintiendo cada poro de mi piel, sintiendo mi angustia, mi miedo, mi frío. Respiré durante un tiempo… y de pronto sentí algo… algo que traspasaba mi cuerpo, algo que entraba o salía de él, no sabría decirlo con exactitud. Pero ese algo me hizo sentir bien, me hizo sentir una paz interior que nunca anteriormente había experimentado y puedo asegurar al 100 % que después de ese momento, nunca volví a ser la misma Cristina. Mi percepción del mundo cambió. Una conexión con el Universo se abrió, y me ayudó a entender la vida más allá de la materia. Sentí plenitud, amor incondicional y compasión por todos los seres y por mí. Fue una revelación que me llevó hasta donde estoy ahora. Aquel 1 de enero del 2000…

Después de esa experiencia entré de nuevo en la fiesta, ahora tranquila, relajada, dispuesta a fluir con la vida, dispuesta a no alterar el orden de las cosas. No diría a nadie lo que sentía, y si Jaime era en realidad mi alma gemela, el destino le traería, tarde o temprano, junto a mí. Aquel amanecer fuimos los dos a comprar churros para todo el grupo. Él no sabía nada, pero mi amor había despertado.

Cuando al día siguiente Álvaro me llamó para vernos le dije que no, que ya no estábamos juntos, que se había terminado. Entonces empezó a creerlo, y se le cayó el mundo encima. Vino a casa, hablamos, insistió en que iba a cambiar, en que me amaba, pero yo ya no podía ni quería dar marcha atrás. Durante los días posteriores siguió insistiendo a través de llamadas y cartas, pero fui firme en mi decisión. Tanta fue su insistencia que, al final, le dije que me había enamorado de Jaime. Álvaro lo vivió como una traición, pensando que Jaime y yo estábamos juntos desde hacía tiempo, o que él sabía lo que yo sentía. Traté de explicarle que las cosas no eran así, y que él no tenía conocimiento de lo que me pasaba, pero nunca me creyó.

Seguí mi vida: trabajo, estudios. Estaba extrañamente tranquila. En esos días releí todos mis diarios desde los 13 años hasta la fecha, y comprendí y perdoné muchas cosas que había ido arrastrando, sobre todo historias de la infancia y adolescencia: los castigos, las peleas con mis padres, la rebeldía. Y entendí por fin que mis padres habían hecho todo lo mejor para mí, que habían luchado para sacarnos adelante con mucho esfuerzo, y que si se equivocaron no fue nunca con mala intención. Entendí que gracias a ellos yo amaba la lectura, la escritura, la música. Entendí que todo sucede por algo, y les estuve inmensamente agradecida por ser mis padres, y por haberme hecho pasar por las experiencias que pasé. Y nunca dejaré de estarles agradecida, pues ahora que soy madre se lo difícil que es decidir, y acertar, cuando estás tomando decisiones por otra persona. Y que, como madre o padre, siempre, siempre, quieres lo mejor para tu hijo/a, aunque te equivoques.

Perdoné. Y me perdoné. Y me di cuenta de que mi relación con Álvaro había sido de gran crecimiento interior. Yo era una chica muy dependiente emocionalmente, y aquella dependencia llegó a su máximo pico en nuestra relación. Desde el principio me había dejado absorber por él, por su atractivo. Me sedujo y me dejé llevar, y no supe salir de aquel círculo vicioso fácilmente. Pero salí reforzada, salí sabiendo quién era, sabiendo que no podía depender más de la relación con un hombre, sintiéndome libre. Había sufrido mucho durante 5 años, y no estaba dispuesta a repetir eso más en mi vida. Ya no. Ahora todo había cambiado. Me despedí de aquella Cristina insegura, tímida, sin autoestima, y di la bienvenida a una Cristina nueva que iría descubriendo día a día.

A veces, mirar atrás se convierte en un ejercicio esencial para comprender quiénes somos realmente y cuál es nuestro camino en la vida. En ese proceso de reflexión, descubrimos patrones en nuestras acciones y decisiones pasadas que nos revelan nuestra verdadera naturaleza y propósito. Esta mirada nos ayuda a reconocer nuestras fortalezas, debilidades y lecciones aprendidas, lo que finalmente nos guía hacia un futuro más alineado con nuestro verdadero yo. En lugar de aferrarnos a lo que éramos o lo que creíamos ser, la vida nos anima a abrazar la evolución constante, y a estar abiertos a las oportunidades que se presentan en nuestro camino.

Y en ese reencuentro conmigo misma, quise saber de Sergio, ya que me di cuenta también de que no quería echar al olvido a personas que habían sido importantes para mí. Armándome de valor, recordé su número de teléfono y llamé a su casa con la intención de preguntar a su madre (que, recordemos, no quería saber nada de mi) por algún número o correo para contactarle. Y cuál no fue mi sorpresa al saber que Sergio estaba en España con su mujer. Hablamos y quedamos un día los tres para comer. Fue un bonito encuentro en el que nos pusimos al día después de muchos años de ausencia. Aquella fue la última vez que le vi, aunque hemos seguido manteniendo contacto esporádico por las redes sociales.

En aquellos días mi relación con Lucía y Jaime se volvió aún más estrecha. Quedaba a menudo con ellos, ya que sabían que ahora estaba sola y me invitaban a comer, a cenar, a pasar el día en su casa. Yo, mientras tanto, seguía viviendo mi amor por él en silencio, y confiando en la vida. No quería alterar su relación, pero, sin darme cuenta, lo estaba haciendo.

Un fin de semana me invitaron a ir con ellos a la casa de Jaime en un pueblo de Castilla. Álvaro vino a buscarme con la intención de pedirme que volviera con él, pero ante mi negativa, se marchó. Esa fue la última vez que Álvaro insistió en nuestra relación. A partir de entonces, desapareció de mi vida, aunque nunca perdimos del todo el contacto, y hoy en día seguimos siendo buenos amigos.

Sin embargo, la primera noche de aquel fin de semana se convirtió en un momento mágico para Jaime y para mí, en la que el amor que sentíamos dejó de ser un secreto... al menos entre nosotros.

Después de ese encuentro de almas, seguimos viéndonos cada vez más a menudo. A pesar de lo que estábamos viviendo, los dos sabíamos que no debíamos acelerar las cosas, y que primero él tenía que tomar una decisión con respecto a su relación con Lucía. Pero el momento no llegaba, y finalmente sucedió lo inevitable.

No me siento orgullosa de esto, pues ella era mi amiga, y hubiera preferido que antes de estar conmigo, Jaime hubiera tomado alguna decisión. Pero no soy perfecta ni soy de hielo, y lo que sentía por él era tan fuerte que me asustaba. El amor llenaba mi cuerpo entero, rebosaba por todas partes, y escribí y escribí poesías durante meses, dando rienda suelta a todas aquellas emociones que me desbordaban.

En Semana Santa nos fuimos a Marruecos con amigos comunes, entre ellos su hermano Antonio. Lucía, que no sabía nada de nuestra relación, no quiso venir. Visitamos Fez, Marrakesh, e hicimos un trecking por el Atlas. Una de las cosas que más me impresionaron fue la belleza de los colores de las montañas, que se disponían en una especie de círculo: rosa, azul, verde, marrón… ¡morado! Y en cada una de ellas había aldeas que tenían el mismo color, pues las casas estaban construidas con piedra. También me llamó la atención la belleza y sencillez de las mujeres y los niños y niñas de dichas aldeas, que nos sonreían llenas de inocencia, aunque como era la primera vez que viajaba a un país tan exótico, todo me resultó fascinante (curiosamente, es el único viaje de mi vida del que no tengo ni una fotografía). Fue una semana llena de magia, no solo por la belleza de Marruecos, sino también por la de aquel amor que, después de la tormentosa relación que había vivido durante 5 años, me hacía renacer, me daba alas, me hacía sentirme bella, amada, respetada. Además de no sentirme la misma persona que había sido hasta entonces, aquel amor por Jaime sacaba mi mejor versión, la belleza de un ser que iba descubriendo cada día. Sin embargo, el saber que él seguía atado no me dejaba ser del todo feliz.

En ese momento ya estaba en 3.º de Trabajo Social y decidí pedir una beca Erasmus para hacer las prácticas de final de carrera en Europa. Me apetecía viajar sola, conocer más mundo. En un principio iba a irme a Ámsterdam, pero en ese mismo año abrieron la opción de Creta y me sonó muy exótico. Me imaginé casas blancas y azules, mares transparentes, playas de arena inmensas…

y decidí que iría allí. Cuando me concedieron la beca, Jaime me dijo que se vendría un tiempo conmigo. Primero tenía que hacer un viaje a Latinoamérica por trabajo, pero después nos encontraríamos en Creta... para casarnos. Sí, estando una tarde en el bar de un amigo en Madrid, Jaime me miró y me pidió que me casara con él. Ninguno de los dos creíamos en el matrimonio convencional, pero sí en un modo diferente de sellar nuestra unión: una barca en medio de la mar, una playa, una cueva en una montaña... Le dije que sí, y me dijo: "Elige una fecha". Cuando te dicen algo así, de golpe, las primeras fechas que te viene a la mente son tu cumpleaños, el suyo, Navidad..., pero de pronto lo vi: «13 de noviembre». Él se sorprendió, pues esa fecha era significativa en su vida, y en un trozo de papel dibujó la isla de Creta y escribió: «Creta, 13 de noviembre del 2000: nuestra unión». Esa ha sido la única vez, hasta el momento, que me han pedido matrimonio.

Aquella noche, volviendo al pueblo, paramos en medio de la carretera para ver juntos el eclipse de luna: era el 5 de mayo del 2000.

Desde mi punto de vista, mi relación con Jaime era perfecta: nos llevábamos muy bien, disfrutábamos de estar juntos, compartíamos gustos por la música, la poesía, los viajes, la filosofía... A su lado me sentía cómoda, era como estar conmigo misma, con un amigo, con un hermano. Mi amor por él era tan puro que confiaba plenamente en que sentía lo mismo por mí, pues así me lo hacía creer, excepto por una cosa: no se decidía a dejar a Luía. Incluso habiendo hablado de matrimonio, posponía la ruptura con su pareja.

97

Pero yo confiaba en que en algún momento lo hiciera y pudiéramos recorrer el mundo juntos. Sin embargo, el destino tenía otros planes para nosotros.

Además de estar con Jaime, tenía otras amistades con las que pasaba tiempo: en el pueblo, compartía muchos momentos con Nuria y sus hijos, Leila y Altair. Nuria estaba pasando por una fuerte crisis con su pareja, y fui un gran apoyo emocional para ella y también logístico, pues cuando la pareja se marchaba de casa durante días y la dejaba sola con los niños, yo la ayudaba en todo lo que podía cuidándoles. Para mí Leila y Altair eran como mis sobrinos, así los amaba; y Nuria, una hermana. Compartir con ellos me enseñaba mucho. A su lado, aprendí a ver la vida desde la pureza, pues ellos eran tres almas puras, y aprendí a alimentarme mejor, pues, aunque ya a finales de 1999 dejé de comer carne, aún no era del todo vegetariana y cuando había jamón, aún lo tomaba (el jamón, ¡el gran compañero del español!). El tiempo a su lado era siempre agradable, y pasábamos muchas horas juntos los cuatro.

La decisión de hacerme vegetariana surgió estando aún con Álvaro. Comencé a dejar de comer carne por una cuestión de salud, pero poco a poco me di cuenta de que la decisión estaba más relacionada con el karma y la reencarnación. No quería que el sufrimiento de un animal que había sido criado y sacrificado de manera violenta pasara a mi cuerpo. Tampoco quería formar parte de esa cadena de energía, sin saber realmente qué hay más allá de lo que vemos. Y tengo que decir que, aunque al principio fue complicado, pues socialmente no estaba aceptado, nunca me eché atrás en mi decisión, e inmediatamente empecé a notar el efecto del cambio de alimentación.

En Fresnedillas tenía otro amigo: Ismael, un hombre de Extremadura que había ido a Madrid a buscar trabajo. ¡Otra alma pura! Ismael no tenía estudios, pero tenía la sabiduría de las personas sencillas, de campo, de las personas que no conocen la maldad. ¡Un ángel en mi vida con el que también compartí muchos momentos maravillosos! Cuando le contaba que algo me preocupaba, o que no me sentía bien, él siempre me respondía: "¡Que todos los problemas del mundo sean como ese!". Luego encendía un incienso, hacía una infusión y me escuchaba pacientemente.

Con Nuria, Leila y Altair en su finca de Ávila

Ismael me cuidaba como a una hermana. Una vez, decidí que quería hacer una limpieza a través de un ayuno de agua de tres días. Como era la primera vez que lo hacía, quise quedarme en casa descansando y observando mi cuerpo y mi mente. Pasaba el día tumbada leyendo, o escribiendo, en silencio. Ismael venía de vez en cuando a ver como estaba, preocupándose en todo momento por mí.

Fue un ayuno difícil, pero cuando lo terminé me sentí satisfecha conmigo misma. ¡Recuerdo como disfruté aquella raja de melón después de tres días sin ingerir alimentos!

En la Universidad seguía muy unida al grupo de mujeres que habíamos formado. Salía a menudo con ellas, nos reuníamos en casa de María C., la mayor de nosotras, a pasar tardes «de chicas». Natalia, Gema, Sharifa, María E., y más tarde Pili y Alicia (DEP). Todas ellas forman parte de mi historia de crecimiento, y contar con su amistad es uno de los regalos más bellos que me dejó el trabajo social.

En *Elegido*, el restaurante en el que trabajaba, también hice buenas amistades, entre ellas la de Luis, el dueño. Los fines de semana, cuando terminábamos de trabajar, solíamos quedarnos él, el cocinero y yo hasta el amanecer hablando sobre la vida, sobre espiritualidad, sobre esoterismo, sobre filosofía. Me sentía como en casa en aquel bonito lugar en medio del campo, un restaurante con forma de pagoda que Luis mimaba con todo su amor, y cuyo fin, al morir unos años más tarde, no fue el que ni él ni los que le queríamos hubiéramos deseado.

Con Jaime asistía todos los jueves a una cena de intelectuales en Madrid. Se hacía en el sótano de un restaurante de Malasaña, un céntrico barrio de la ciudad. Allí nos reuníamos con artistas, pintores, escritores, filósofos, viajeros... Gente muy interesante con la que, ahora sí, sentía que tenía cosas que aportar, que mi opinión contaba. Era una más, aunque no estuviera a su nivel intelectual. Y es que la niña insegura había dejado paso a una mujer libre que quería explorar el mundo.

Llegó el verano. Jaime se marchaba a Latinoamérica en pleno auge de nuestro amor, sin haber solucionado su relación, y con una fecha para unirse conmigo.

Durante el primer mes de su partida hablábamos a menudo por teléfono, e incluso nos planteamos la posibilidad de que yo fuera a visitarle antes de irme a Grecia. En un momento dado, no sé muy bien por qué ni cómo, Lucía se enteró de nuestra relación y, un día, me llamó muy alterada. La escuché en silencio, tratando de entender su dolor, pero también traté de explicarle que era una mujer libre, y que en ningún momento había forzado a Jaime a estar conmigo. Y que, si con alguien debía hablar, era con él. Por supuesto no lo entendió. Creo que a veces en las parejas tenemos esta mala costumbre de culpar a la otra persona de la infidelidad de nuestros compañeros, cuando en realidad son ellos o ellas los que deciden irse con esa otra persona. Años más tarde volví a tener una relación similar, aunque me juré que no volvería a estar con un hombre casado. De nuevo, el destino tiene sus planes que nosotros no conocemos.

Cuando Jaime se enteró de que Lucía sabía lo nuestro se sintió, de algún modo, traicionado... No me dio muchas explicaciones, más allá de que no era la forma en que él quería que ella lo supiera. Bueno, quizá era solo cuestión de tiempo.

Y cuestión de tiempo fue también que Jaime dejara de contactar conmigo. Cuando le llamaba nunca estaba en casa, y no me devolvía las llamadas. Por fin, un día se sinceró conmigo, diciéndome que había conocido a otra mujer, que estaba enamorado y quería estar con ella. Sorprendentemente no reaccioné como se hubiera esperado de la «otra» Cristina, sino que me quedé en silencio, y simplemente le dije: "Ah, muy bien. Espero que seas feliz". Y colgué.

No me sentí devastada ni engañada, aunque no entendía muy bien lo que había sucedido. Seguía confiando en que, si era mi alma gemela, volvería. Tarde o temprano volvería. Practiqué el desapego, y continué con mi vida.

Capítulo Seis

Mi Primer Viaje En Solitario: Creta

Siguiendo con los planes, en septiembre del año 2000 me marché a Creta con mucha ilusión. Era mi primer viaje completamente sola, y eso me apasionaba. Me sentía segura, preparada, dispuesta a vivir todo aquello que el destino me trajera. Dejé a Mitra con Ismael, cerré la casa de Fresnedillas, recogí mis cosas, y rodeada de mis amigas de la universidad y de Nuria y los niños, que vinieron a despedirme al aeropuerto, volé.

Llegué a Atenas con mi mochila en la espalda, solamente con ropa de verano, pues iba a Creta y para mí aquello sonaba a trópico (¡luego, en diciembre y enero, pasé un frío tremendo!). Desde el aeropuerto me fui a un albergue del centro de Atenas para visitar al día siguiente la Acrópolis. Y allí estaba, en mitad de aquellas ruinas que nunca imaginé que vería, con la mítica ciudad de Atenas a mis pies.

Por la tarde, tomé el metro al puerto del Pireo y me compré el billete más barato para el siguiente ferri que saliera hacia Creta. Iba a Chania, una ciudad a 60 km del destino final.

Me subí al barco, y cuál no fue mi sorpresa al ver que mi billete era para un asiento de butaca: en una sala enorme llena de gente extraña, de hombres con camisas negras, botas de cuero y bigotes enormes a los que no entendía, pero que me escudriñaban con la mirada. Pasar la noche en ese ambiente no me seducía nada, así que fui a dar una vuelta para investigar el panorama. Tumbada en la cubierta vi a una mujer mayor (debía tener unos 50 años), con su saco de dormir. Parecía muy tranquila y segura de sí misma. Estuve observándola un tiempo, y al rato me acerqué a preguntarle si podía pasar la noche a su lado. Le expliqué que era mi primera vez en Grecia, y que la sala de las butacas me había impactado. Amable, aunque algo distante, me dejó que pasara la noche con ella.

Al llegar al puerto de Chania, tomé un autobús para la ciudad a la que tenía que ir: Rethimno. Por aquel entonces, año 2000, no había apenas información en Internet, y el acceso tampoco era fácil. Aun viajábamos con la guía en el bolsillo y a la aventura; así que no tenía ni idea de dónde iba a llegar y… ¡Horror! El autobús me dejó en una estación destartalada, en medio de edificios medio derruidos. ¿Dónde estaba? ¿Iba a pasar allí 4 meses? Me asusté un poco. Miré al mar, que era maravilloso, respiré profundamente soltando el miedo, y me fui a buscar un albergue juvenil.

El casco antiguo de la ciudad me recordaba a Benidorm, lleno de tiendas para turistas, de restaurantes, de guiris por todas partes. No era la Creta que yo esperaba, sin duda. Me registré en el albergue y fui a pasear.

Tenía que encontrar un alojamiento para los cuatro meses allí, pero mi presupuesto era muy limitado, ya que solamente tenía lo que había ahorrado trabajando los fines de semana, pues el dinero de la beca lo daban a posteriori. Cuando preguntaba en los lugares donde veía carteles de «se alquila» salía derrumbada, pues todo era muchísimo más caro de lo que había esperado. Por otro lado, era la primera vez que una estudiante europea iba a la universidad de Rethimno de prácticas, y cuando me presenté en las oficinas no sabían quién era ni lo que iba a hacer allí.

Las cosas no iban muy bien. Llevaba solamente cuatro días y estaba desolada. No había hablado en todo ese tiempo con nadie más que con la directora de la oficina del Erasmus, que finalmente me envió a un centro de inmigrantes para hacer las prácticas. Pero aquello no tenía mucho sentido, pues los inmigrantes no hablaban inglés, yo no hablaba griego, y todo el papeleo de oficina estaba en este idioma, así que, ¿qué podría hacer allí?

Estando al límite de mis fuerzas, vi en el albergue a un hombre fumando hachis y me acerqué a pedirle, pues además de que todo lo que me estaba sucediendo me estaba superando, llevaba varios días sin fumar y lo echaba de menos. Comenzamos a hablar (afortunadamente, algunas personas en aquella ciudad hablaban en inglés por el turismo), y le conté que no encontraba casa donde quedarme y estaba algo decaída. Él me dijo que podía ayudarme. Fuimos hasta una calle cercana al albergue donde le esperé, y al poco tiempo me pidió que le acompañara.

Cuando entré en casa de Sofía parecía que había llegado a mi propia casa: paredes con telas de la India, imágenes de Budas, olor a incienso, aire oriental. Sofía era una mujer de padre griego y madre irlandesa, pintora, que vivía allí con su hija Alicia, de 5 meses. Era madre soltera, y le venía bien que alguien le ayudara con el alquiler, así que acordamos que me quedaría en una habitación. En seguida conectamos, y me presentó a su gente. Al día siguiente de irme a vivir con ella, fuimos a la fiesta de cumpleaños del hijo de una de sus amigas, que cumplía 3 años. Rodeada de niños griegos, me di cuenta de que con ellos era más fácil comunicarme, así que le propuse a la directora del Erasmus buscar algún centro con niños para mis prácticas. Le gustó la idea, y a los pocos días comencé a trabajar en «AGAPI», un centro para jóvenes de educación especial.

Pero, entretanto, Sofía me invitó a ir con ella y con su amiga Irini a una isla desértica del sur de Creta, pues se enteró de que iba a ir también el hombre que le gustaba, Paris, un pintor de iconos bizantinos que vivía en un pueblo de las montañas de Rethimno. Le había visto algunas veces paseando por la ciudad y, aunque él no daba muestras de estar interesado, a ella le atraía. Me pareció una idea fantástica, y nos fuimos las tres con el bebé a Gavdos. Llegamos en autostop hasta el puerto desde donde salía el pequeño barco para la isla, montándonos en pick-ups de los agricultores locales. Yo estaba feliz, respirando el aire de las montañas de Creta, con el viento en la cara, con aquellas espectaculares vistas del mar. Llevaba una semana allí, y las cosas parecían ahora maravillosas.

Es interesante observar cómo cambia nuestro estado de ánimo en función de los acontecimientos externos. Cuando la vida no cumple con nuestras expectativas, tendemos a la frustración, la irritación, la ira. Sin embargo, cuando todo fluye según lo que queremos, nos sentimos felices y plenos. Llegar a encontrar un punto intermedio, «el camino de en medio» que enseñó Buda, era, ya por aquel entonces, uno de mis objetivos en la vida. Aún sigo en esa búsqueda.

En el pequeño puerto de Xora Sfakiá, al sur de Creta, estaban Paris y su amigo Panaiotis, a los que Sofía me presentó antes de subir al barco. Todos juntos nos pusimos rumbo a Gavdos, a 5 horas de la costa de Creta, el punto más meridional del continente europeo (desde su costa se ve la de Libia).

En la isla de Gavdos, Grecia

Al llegar a la isla, compramos un poco de agua y comida en una tiendecita local, y nos pusimos a caminar hasta Agios Antonios, la playa en la que acampaban los hippies durante días. No había nada allí... ¡Nada! Y era una caminata de 2 horas por un desierto. Pero... ¡Qué maravilla de lugar! Totalmente salvaje, con cedros que servían de sombra a los jóvenes que allí se quedaban, sin más preocupación que la de comer, dormir, bañarse y contemplar.

Para mí todo era como un sueño. Nunca había visto nada igual en mi vida. Montamos una pequeña tienda de campaña bajo un árbol, nos quedamos desnudas y empezamos a *estar*. Yo pasaba bastante tiempo leyendo y escribiendo poesías, o en mi diario. Por las noches, encendíamos un fuego y cocinábamos algo para cenar. Al estar tan cerca de la mar, en esos días decidí dejar de tomar también pescado, es decir, me volví totalmente vegetariana, aunque seguí ingiriendo huevos y leche.

Cuando Paris y Panaiotis venían hacia nuestra cabaña, Irini, Panaiotis y yo nos íbamos con Alicia, la bebé, a dar un paseo para dejar a Paris y Sofía solos. Pero él no dio ningún paso y ella tampoco (más tarde Paris me confesó que nunca la vio como algo más que una amiga).

Un día me acerqué sin más y sin nada hacia donde estaban sentados Paris y Panaiotis para hablar con ellos, pues los dos sabían inglés. Mientras conversábamos, Paris llenó mi pelo de cascabeles que usaba en los anzuelos de pescar: "Para que siempre sepa dónde estás", me dijo. Pero yo no le di importancia. Sí que es verdad que, en un momento de algún día, le vi pasar por la orilla solo caminando, y sentí que me gustaría caminar a su lado, pero sin más pretensión, pues seguía locamente eclipsada por Jaime, pensando en él y confiando en que volvería a mi lado.

El día que Sofia, Irini y yo nos marchábamos comenzó una gran tormenta, así que pasamos una noche debajo de un árbol, empapándonos, con la bebé también llena de agua. Fue una noche dura, pero al día siguiente la mar estaba en calma y pudimos volver a casa. Paris y Panaiotis se quedaron unos días más.

Al volver, empecé las prácticas en «AGAPI», el centro de educación especial. Allí me sentía muy cómoda, pues los chavales hablaban poco, y se expresaban más con gestos y con caricias, lenguaje que sí entendía. También el profesorado me acogió muy bien y, aunque no hablaban inglés (solamente la psicóloga chapurreaba un poco), en seguida me admitieron como parte del grupo, y me invitaron a una fiesta para celebrar la cosecha de la uva en un pueblo cercano. Estar con aquellos jóvenes me llenaba de amor. No tenían maldad, ni entendían de idiomas ni de culturas. Para ellos era una más, una persona que les trataba con cariño, que jugaba, que les sonreía. Era la primera vez que tenía contacto con este colectivo, y todos marcaron mi corazón con su pureza.

A Sofia le salió un trabajo pintando en un bar, y me pidió que cuidara de Alicia las horas que ella trabajaba. No me importó, y al poco de llegar a Creta ya paseaba por las calles con un bebé colgado en mi tripa y un perro, como si llevara allí toda la vida (y llevaba solamente 15 días). Me sentía como en casa.

Aparte de trabajar en «AGAPI», iba dos días en semana a la universidad a recibir clases de griego para extranjeros. Allí conocí a una pequeña colonia de españoles y españolas que también estaban de Erasmus.

Aunque a veces quedaba con ellos, prefería rodearme de la gente local, así que la mayoría de los días salía con Sofía y sus amigos.

Cuando Paris volvió de Gavdos empezó a venir por casa, y al verle yo me marchaba para dejarle solo con

Sofía. Paris era un hombre tímido, introvertido, con una preciosa sonrisa de medio lado, con el pelo gris y largo, y un aire bohemio muy atractivo. Un día, mientras esperaba con él a que regresara Sofia, me dijo: "He aprendido algo en español". "¿Ah sí?" –dije yo. A lo que me contestó: "Quiero hacer contigo lo que la primavera hace con los cerezos". No capté la indirecta, sonreí y cuando ella llegó una vez más me marché. Años más tarde supe que aquella frase de Paris era un verso de Neruda.

Sofía me invitó a ir a casa de su padre un fin de semana. Vivía en Agios Nikolaos, a unos 100 km de Rethimno, y como ella no conducía, alquilamos un coche que conduje yo. Cuando llegamos allí, dejó a la niña a mi cargo, y se dedicó a salir con sus amigos mientras yo la cuidaba. Aunque confieso que no me agradó, lo entendí, pues para ella era un alivio tener unos momentos de soledad. Pero lo mismo ocurrió al llegar a Rethimno: empezó a usarme de niñera, y se marchaba con sus amigos a tomar algo, o a taichí, mientras yo me quedaba, ya un poco a la fuerza, con Alicia. Un día en que se fue a unas clases la niña empezó a llorar, e incapaz de calmarla, fui a buscarla para que le diera el pecho. Se enfadó conmigo por no haber sabido consolarla y haber interrumpido su clase. Yo no entendía qué estaba pasando, pero no me sentía cómoda pues ese no era nuestro pacto. Estaba de Erasmus, no de niñera, y quería disfrutar de mi libertad y de mi tiempo sin tener responsabilidades que no me pertenecían.

Al poco tiempo de este incidente me fui sola a bajar la garganta de Samariá, la más larga de Europa, con 16 kilómetros de empinada bajada, cuya entrada está a 1250 m de altitud sobre el nivel del mar. Al principio todo iba bien: no llevaba bastones ni iba preparada para algo así, pero el paisaje era tan bello que el esfuerzo merecía la pena. Sin embargo, a mitad de camino más o menos, empecé a sentir un fuerte dolor en la cabeza del peroné de la pierna izquierda, donde había sido operada a los 10 años. Nunca hasta entonces había tenido ninguna molestia y seguí bajando, intentando apoyar la pierna lo menos posible. El dolor era muy intenso, pero no quería parar, sino llegar al final. Pensé que igual la cabeza del peroné estaba rozando con otro hueso, ya que en mi caso es más grande desde que de niña me lo rasparon entero y creció más de la cuenta. Así que temía que me provocara algo grave, pero no podía parar allí en medio. Cuando, por fin, llegué al final, me tumbé muy dolorida en la playa esperando al ferri que nos llevaría, de nuevo, al autobús para ir a Rethimno. Estaba asustada, pero por suerte después de una ducha y una noche de reposo, la pierna me dejó de doler.

Mientras tanto, las cosas entre Sofía y yo seguían tensándose. No me dejaba caminar por el piso de arriba cuando Alicia dormía porque decía que el suelo crujía y se asustaba pensando que la niña se había caído; no me dejaba ducharme porque decía que gastaba mucha agua... Y la pesadilla empezó. No estábamos a gusto juntas.

Además, Paris, que seguía viniendo a su casa algunas tardes, me había invitado al pueblo donde vivía a que viera las pinturas que estaba haciendo en la iglesia, y yo, por respeto a Sofia, siempre le decía que no. Cuando las cosas se pusieron tan feas entre nosotras, hablé con una pareja española que estaba de Erasmus en una casa alquilada, y me dijeron que en unos días tendrían una habitación libre. Así que me armé de valor y le pregunté a Sofia si le importaba que subiera con Paris al pueblo,

111

ya que me había invitado varias veces, y me dijo que hiciera lo que quisiera, pero que me marchara de su casa. Yo también quería hacerlo, así que me fui feliz, pero triste de terminar así la relación con ella, pues me había ayudado mucho cuando llegué, y no había motivos para ese final. Después de marcharme traté de hablar con ella varias veces para aclarar las cosas y no terminar mal, pero siempre se negó. Incluso hoy en día cuando nos vemos, me mira de soslayo… Y yo sigo sin entender el motivo, aunque poco puedo hacer al respecto.

Mirando hacia atrás, creo que quizá ninguna de las dos supimos gestionar la situación de manera adecuada, y lo que podía haber sido una bonita amistad, terminó en un gran desencuentro. Pero una vez más, estaba dispuesta a aceptar mi parte de responsabilidad, y seguir adelante.

Reconozco que salir de casa de Sofia fue un gran alivio. Ahora era libre, y comencé a disfrutar de verdad de mi estancia en Creta. Me apunté a taichí, donde conocí a Elena. Ella, Paris y yo nos hicimos muy amigos, y los fines de semana viajábamos por la isla, visitando playas recónditas, ruinas, cuevas de dioses mitológicos… Casi todos los días Paris bajaba del pueblo cuando terminaba de trabajar. Venía a casa y desde la calle tiraba piedrecitas a la ventana de mi habitación. Yo salía al balcón, cual Julieta, y nos íbamos a pasear. Pasábamos muchas horas juntos tanto en la ciudad como en su pueblo. Me subía a dormir a su casa, y me sentaba en la iglesia mientras pintaba, absorta en su bello trabajo, subida en un andamio casero de varios metros de altura. El tiempo con él pasaba volando. Me sentía muy bien a su lado, pero Jaime seguía en mi corazón.

En el centro donde Elena nos enseñaba taichí nos juntábamos un grupo de estudiantes (todos griegos menos yo). Queríamos aprender percusión, y una de las chicas nos presentó a Caroline, una joven británica casada con un hombre griego y madre de un niño de 3 años. Caroline trataba de hacernos tocar música, pero solamente conseguíamos hacer ruido.

También disfrutaba con la comunidad española en Rethimno. Quedábamos para hacer fiestas en alguna casa, para cenar o para visitar algún lugar.

En ese tiempo me sentía muy plena. Amaba mi vida, mi libertad, estaba haciendo mi propio camino, forjando mi propio destino día a día, descubriéndome. Fue un tiempo de gran aprendizaje interior. Por eso siempre recomiendo a la gente joven que viaje sola, porque en esa soledad aprendemos a conocernos mejor, y vivimos las experiencias que necesitamos para crecer.

En una ocasión nos fuimos Paris, Rossana (mi compañera de casa) y yo al sur de Creta. Fue un día tan bonito, el ambiente era tan sereno y familiar, que al final de la noche Paris y yo nos besamos, frente al mar, con luna llena. Era el 13 de noviembre, el día en que tenía, supuestamente, que casarme en Creta con Jaime.

Amaba a Paris de verdad, pero solamente como amigo, pues mi corazón estaba ocupado por otra persona. Así que fui sincera con él: le dije que no era el momento, y que no podía entregarle aquello que merecía. Paris lo entendió, lo respetó, y nada cambió entre nosotros.

En Navidad me invitó a pasar unos días en Atenas con su familia. Estaba separado y tenía 3 hijos: Ioanna, Eleni y Manolis, de 12, 11 y 10 años respectivamente. Recuerdo el impacto que me causó ver a mi amigo rodeado de tres polluelos que le llamaban papá. Reconozco que despertó en mí un instinto maternal, pero en ese momento tener hijos aún no estaba en mis planes. La madre de Paris, Ioanna, me leyó una tarde los posos del café (una tradición muy habitual en Grecia) y me dijo que algún día sería la mujer de su hijo. Me reí. ¡Cómo iba a suceder eso, si me marchaba en un mes a España! Pero la vida, de nuevo, tenía sus planes.

Paris se quedó en Atenas unos días más y yo volví a Creta. Me sentía demasiado a gusto a su lado y no quería apegarme a él, no quería perder mi independencia.

La Nochevieja de aquel año (2000 a 2001) la pasé sola en mi casa de Rethimno. Como ya he dicho, me gusta pasar la Nochevieja sola: la vivo como un día de introspección, de recapitulación del año. Así que estaba feliz. Cuando dieron las 12 subí al tejado para ver cómo celebraban esa noche... ¡Y empecé a escuchar sonidos de pistolas y metralletas! ¿Era Nochevieja o la guerra? Me asusté y me bajé a mi habitación. Después me enteré de que en Creta es habitual que la gente tenga armas en casa, pues aún viven con cierto temor ancestral a la invasión de los turcos.

Mientras Paris estaba en Atenas yo seguía saliendo con amigos por la ciudad, y comencé a quedar más a menudo con Mijalis, un hombre de Rethimno muy peculiar. Hay que decir que el Rethimno que encontré a mi llegada en septiembre no tenía nada que ver con aquel de enero. Los turistas habían desaparecido, y la ciudad pertenecía a la gente local y a los estudiantes que llenaban de vida las tabernas.

Mijalis y yo nos hicimos buenos amigos. Pero cuando llegó Paris, se me presentó un dilema: ¿con quién quedar para que ninguno se sintiera desplazado? Intenté equilibrar ambas amistades, pero al final la de Paris pudo más y Mijalis, de algún modo, se retiró. Aún seguimos siendo buenos amigos, y cada año que visito Grecia ceno en su taberna y comparto un rato con él. Hay personas a las que nos unimos a lo largo de la vida que, por mucho que pase el tiempo, siguen estando ahí. Aunque no las veamos ni hablemos durante largos periodos, el cariño permanece. Esto me sucede con Mijalis, y con otras muchas personas que forman parte de mi historia.

Mi estancia en Creta se iba agotando, y también mi dinero. En diciembre mi padre tuvo un infarto, y por falta de medios y la complicada logística para salir de la isla no fui a verle a España. Pasó unos días en el hospital, pero por suerte todo se quedó en un susto y pronto se recuperó. Para mí, que estaba tan lejos, fue muy duro no poder acompañar a mi madre y mi hermano en un momento tan crucial, y no estar al lado de mi padre con quien, en ese momento, la relación era más cordial.

Ahora ya se acercaba el momento de marcharse. Las prácticas en «AGAPI» terminaron, y me hicieron una pequeña fiesta de despedida. Me dio mucha pena decir adiós a los chavales, que me habían dado tanto amor en aquellos meses. Pero sabía desde el comienzo que el momento llegaría, y traté de estar preparada para ello.

Ferrán, la pareja de Rossana (mi compañera de casa) por aquel entonces, nos había «casado» de manera ficticia a Paris y a mí en una ermita. Ahora llegaba el momento del «divorcio», pues ya no nos veríamos más. Y Ferrán ofició un ritual muy divertido para separarnos.

Fue muy duro dejar Creta. Había hecho grandes amigos y amigas: Paris, Mijalis, Elena, Dimitris, Marina… muchas personas que me habían aceptado en sus vidas, que me habían cuidado y acompañado durante 4 meses, y a las que, seguramente, no volvería a ver más. En aquel tiempo aprendí un poco de griego y escribí algún poema en este idioma para todas aquellas personas tan maravillosas que se habían cruzado en mi camino.

El momento en el que el ferri se alejaba de la isla fue doloroso… Paris lloraba en el muelle mientras me decía adiós. Y yo lloraba desde el barco. Este fue otro duro momento en el que tuve que trabajar el desapego. Con mi partida, tomé más consciencia de que la vida es un constante fluir de gentes y situaciones, y si nos aferramos a ellas con el deseo de que nunca cambien, limitamos nuestras posibilidades de seguir avanzando. Irme de Creta supuso un gran sufrimiento, pero también me ayudó a crecer. Así es el camino del desapego.

Me marchaba y, muy mi pesar, no había arreglado las cosas con Sofia… Pero lo acepté y le agradecí a ella también el aprendizaje: no siempre podemos gustarle a todo el mundo. Siempre hay personas con las que congeniamos, y otras con las que, por motivos que a veces desconocemos, nunca lo haremos. Otra difícil lección que aprendí de esta experiencia. Avanzando, siempre avanzando.

Capítulo Siete

Un Nuevo Comienzo Y Un Final

Volví a Madrid en febrero de 2001, después de 4 meses en Grecia. Todo era lo mismo allí: mis padres, mis amigas, la universidad..., pero yo ya no lo era. Había vivido una experiencia mágica que me había cambiado, y me costó aterrizar de nuevo en la rutina.

Como no tenía donde estar, me quedé con Mitra en casa de Ismael, en Fresnedillas.

Aunque en Creta había fumado, ya no tenía tanta adicción como en los años anteriores. Pero Ismael sí fumaba, y después de volver a hacerlo durante unos días, me di cuenta de que ya no me sentaba bien. La marihuana había sido un apoyo durante mucho tiempo. Había fumado bastante, e incluso ganado el concurso a la mejor marihuana de Madrid de la revista Cáñamo en el año 1999, pero sentía que aquello tocaba a su fin. Me había abierto muchas puertas de percepción, me había enseñado mucho de mí, pero ya no tenía ese efecto en mi cuerpo, y decidí que, si ese estado de bienestar y casi «iluminación» que alcanzaba con los porros era real, lo encontraría sin ellos. Lo dejé porque quería vivir en ese estado de paz interior, pero sin depender de una sustancia externa. La dificultad no fue solo dejar la marihuana, sino también el tabaco con el que se mezclaba (había dejado de fumar tabaco solo en 1998). Pero lo conseguí, y solamente en Portugal, en el verano del 2002 fumé de nuevo. Desde entonces no lo he vuelto a probar, y jamás la he echado de menos.

Hoy doy gracias por haber tenido la voluntad de dejarlo, pues si bien la marihuana para algunas personas tiene efectos nocivos, en algunas otras puede despertar brotes psicóticos que terminen en enfermedades mentales graves. No a todos nos afecta de la misma manera, y ese efecto puede cambiar a lo largo del tiempo en la misma persona. Esa, al menos, fue mi experiencia.

Pero cortar con la marihuana no era solamente cortar con ella, sino con ese círculo de amigos alrededor del cual siempre hay un porro circulando. Era difícil estar con ellos sin fumar, y de algunos poco a poco me fui alejando, aunque la mayoría siguieron en mi vida.

Al poco tiempo de llegar de Creta encontré otra casita en Fresnedillas, y Mitra y yo nos trasladamos allí. Era una casa pequeña y fea, pero suficiente para las dos. Se acercaban los exámenes de final de carrera, y para mantenerme volví a trabajar en *Elegido*.

He de decir que en esos meses en España volví a ver a Jaime: vivía en su antigua casa y Lucía se había marchado. Él continuaba en su relación con la mujer que había conocido, pero las cosas se habían complicado y no estaba en su mejor momento. Seguimos yendo juntos a alguna cena de los jueves, y en una de ellas conocí a María, una chica de Madrid que tenía una ONG en Tanzania junto con otra mujer española, Karmina. Yo estaba terminando la carrera, y había decidido dedicarme a viajar por el mundo colaborando con distintas ONG. Después de la cena hablé con María y quedamos en que me iría a Tanzania unos meses a ayudar en su proyecto. Pero se presentó un dilema: ¿qué haría con Mitra 8 meses? No quería dejarla de nuevo en casa de mis padres, pues se escapaba y debían tenerla atada. No podía dejarla tanto tiempo con Ismael, y Nuria estaba en un momento complicado que tampoco le permitía hacerse cargo de ella... Pensé en llevarla a Tanzania, pero María me dijo que era una locura, pues allí había mil perros callejeros, tendría que pasar cuarentena, y no era muy seguro. Así que Mitra, que era muy sabia, se marchó de mi vida para no obstaculizar mi crecimiento.

Mi perrita y yo estábamos muy unidas. Desde que sobrevivió a la muerte de sus hermanos, apenas había podido disfrutar de ella, pues en seguida nos fuimos de Pozuelo y mi abuela no me dejó que la llevara a su casa, con lo cual se quedó a vivir con mis padres junto con Zara y Piper, otros dos perros que ahora formaban parte de la familia. Después me marché a Estado Unidos, y hasta el año 1999 no pude vivir definitivamente con ella. Mitra era dulce, cariñosa, alegre, una perrita única a la que todo el mundo quería y aceptaba. Un domingo estuvimos paseando por el campo en los alrededores de la finca de mi abuelo. A Mitra le encantaba correr: corría como una liebre, y se perdía por los montes. Ese domingo estuvo corriendo como de costumbre, pero a los dos días noté que no podía mover una de sus patitas. La llevé al veterinario, que me dijo que se le pasaría y le dio vitaminas. Sin embargo, poco a poco Mitra fue perdiendo movilidad en todas las patas.

La veterinaria no sabía que podía ser. ¿Leishmaniasis quizás? No parecía, pero no me daban ningún remedio. Y mientras tanto, los exámenes finales. No podía dejar sola a Mitra porque no se movía, así que me la llevaba a casa de algún amigo para que la cuidara, me iba a hacer el examen, y luego pasaba a buscarla. Mi amiga Gema, de la universidad, fue un gran apoyo para mí en esos momentos. Incluso me fui unos días a la finca de Nuria, que se había marchado de Fresnedillas y se había comprado un terreno en un pueblo cerca de Ávila, a ver si en el campo mejoraba. Pero no, iba cada vez peor y no podía hacer nada. La veterinaria me dijo que la sacrificara, pero mi creencia en el karma y la reencarnación me lo impidió. Quería que Mitra cumpliera con el ciclo que había venido a cumplir, que viviera aquello que le ayudaría en su próxima vida. Estaría a su lado en todo momento, pero no podía pensar que su vida dependiera de mi decisión.

Una tarde que venía de recogerla de casa de Gema e iba hacia *Elegido* a trabajar, sentada en el asiento del copiloto de mi Ford Fiesta rojo, Mitra se marchó. Unos segundos antes de hacerlo me dio con el hocico en la mano con la que sujetaba la caja de cambios. La miré, lo entendí y paré el coche. La abracé con todas mis fuerzas, le hablé al oído para que no tuviera miedo, la besé... y se marchó. Mi dolor fue inmenso, como si me estuvieran quitando una parte de mí. Supongo que todo el que ha convivido perros o gatos y los ha perdido, entiende este dolor que se siente cuando se van. Llegué a *Elegido*, llamé a Nuria, que vino en seguida, y se la llevó a su finca. Después de trabajar me fui allí a dormir y, al día siguiente, la enterramos al lado del río, debajo de un pino. Nunca olvidaré a Mitra, y espero que algún día, allá en mi lecho de muerte, volvamos a vernos.

Aprender a soltar y permitir que la naturaleza siguiera su curso fue un acto de desapego profundo. Comprendí que cada ser tiene su propio destino y que, a pesar de mi deseo de retenerla, tenía que confiar en que estaba siguiendo su camino como debía. Esta experiencia me recordó la importancia de respetar el viaje individual de cada ser y confiar en que todos cumplimos con el propósito que nos corresponde.

Mitra

Terminó el curso, terminó la carrera. Ya era trabajadora social.

El verano estuve trabajando de nuevo en *Elegido* y —¡cómo es la vida! — Jaime también se puso a trabajar allí. De modo que ahora no solamente le tenía en mi mente y en mi corazón, sino a mi lado detrás de la barra. No fue fácil, pues le seguía amando y, sin embargo, él actuaba como si nunca hubiera sucedido nada entre nosotros. O al menos esa era mi percepción.

Al llegar septiembre, comencé a recoger mis cosas para marcharme a Tanzania y, paradojas de la vida, Jaime alquiló mi casa de Fresnedillas para quedarse en ella unos meses. En esos días de mudanza tuvimos un encuentro amoroso. Quizá fuera una despedida, pues yo me marchaba por ocho meses. Sin embargo, lo que sentí en esos días que compartimos no se parecía en nada a lo que había sentido en aquel tiempo que pasamos juntos a comienzos del año 2000, y es que ahora él no estaba conmigo plenamente; ya no me amaba como lo había hecho en el pasado, y su mente, sin duda, estaba en otro lugar.

Esta fue otra lección dura de desapego, pero necesaria. A veces, aferrarnos a alguien que no nos corresponde solo nos ata a un destino que no es el nuestro. Comprendí que, aunque mi amor fuera genuino, no podía forzar a alguien a sentir lo mismo. Así que, de nuevo, le volví a soltar.

A mediados de septiembre del 2001, con 28 años, me marché a África a comenzar a vivir mi sueño: trabajar en una ONG. Esta vez era África porque había conocido a María, pero mi objetivo final seguía estando claro: India.

Capítulo Ocho

Una Casa A Los Pies Del Kilimanjaro

Me marché a Tanzania con muy poco dinero y mucha ilusión. Viajaba con Sonia, una mujer de El Escorial, escultora y aventurera, que había conocido la ONG a través de una amiga suya, y quería vivir la experiencia de unos meses de voluntariado en África.

Nos conocimos en el avión, pero en seguida congeniamos. Era una mujer fuerte, con carisma, decidida y confiada. Y, sobre todo, una mujer que había recorrido mundo y bastante más mayor que yo, lo que me dio seguridad.

Llegamos al aeropuerto de Nairobi, y desde allí cogimos un taxi compartido a la frontera más cercana con Tanzania. Mi primera impresión de África fue bastante impactante: gente vendiendo en la calle por todas partes, mujeres masái vestidas con telas de colores, perros callejeros, polvo, caminos de tierra, contraste entre el verde del paisaje y el negro de las pieles. Estaba fascinada con todo lo que veía, observando cada detalle de lo que sucedía, pero sin perder el control de la situación, que era un poco tensa ya que no hablábamos el idioma local (suajili) y tampoco sabíamos muy bien donde teníamos que ir.

María nos había dado una dirección y el nombre de un pueblo: Mailisita. Y, de bus en bus con el calor, el polvo

123

y nuestras mochilas, conseguimos encontrar la casa, en medio de la carretera entre dos pueblos: Arusha y Moshi.

Era una casa muy grande, de 4 habitaciones, dos cuartos de baño, un salón enorme, una gran cocina y un jardín inmenso lleno de árboles de mango y papaya. En la que se asignó como mi habitación había una enorme ventana ¡con vistas al monte Kilimanjaro! Cada mañana al despertar, lo primero que veía era esta mágica montaña que me llenaba de energía.

Instalé una mosquitera en forma de pirámide que Jaime me había construido, pues dormir allí sin protección era inviable, y en unos días tenía la habitación decorada a mi gusto, lo que me hizo, muy pronto, sentirme en mi hogar.

En un espacio del jardín estaba montado el proyecto, al aire libre, con mesas y bancos de madera cubiertos de un techo que protegía del sol. La ONG se dedicaba a enseñar a hacer productos de artesanía con materiales reciclados a las mujeres de las aldeas cercanas. El objetivo era que ellas después lo vendieran en la ciudad de Moshi a los turistas que iban a subir el Kilimanjaro. Este proyecto se llamaba HADCO (*Hands For The Development Of The Community*) y lo habían montado María y Karmina, amigas desde hacía algún tiempo que ya habían estado juntas en Mozambique. Lo financiaban con sus propios fondos, recabando dinero entre amigos, familiares y fiestas.

Cuando nosotras llegamos había 7 mujeres en el proyecto. María estaba embarazada, pues se había casado con un masái, y Karmina estaba en España, ya que su padre estaba muy enfermo. A los tres días de nuestra llegada, María se marchó a España para que su familia conociera a Pinieli, su marido y padre de su futuro hijo.

Así que, recién aterrizadas, Sonia y yo nos quedamos a cargo de un proyecto del que apenas sabíamos nada.

Comenzamos a aprender cómo enseñar a las chicas, que solo hablaban suajili. La comunicación era complicada y ellas no estaban muy involucradas, quizá porque no le veían mucho futuro, o quizá por falta de motivación. Muy pocas venían todos los días, pero Sonia y yo nos esforzábamos para que disfrutaran haciendo artesanía.

Al poco tiempo de estar allí decidimos ir a Daar es Salam a registrarnos en la embajada de España, ya que íbamos a pasar varios meses en el país. El cónsul y su mujer nos invitaron a quedarnos en su casa, y a la fiesta de la Hispanidad del 12 de octubre que se celebraba en la Embajada. Fue una fiesta muy elegante, con los cónsules de diferentes países que tenían sede en Tanzania y sus mujeres elegantemente vestidas. Una cena de etiqueta que Sonia y yo disfrutamos, aunque, una vez más, no era mi entorno ideal.

Después conocimos un poco la ciudad, que no me resultó muy atrayente: una gran capital sin mucha personalidad. Pero lo que sí me sorprendió era ver las enormes playas en las que la gente no se bañaba, sino que utilizaban para celebrar las bodas, acudiendo con todos los invitados hasta la orilla del mar, acompañados de música.

En el camino de ida y vuelta, que hicimos en autobús, dos cosas me llamaron la atención: los enormes bosques de baobabs (árboles autóctonos de África que conocía por «El Principito») y las enormes explanadas de terreno cubiertas de plásticos. Había plásticos por todas partes: en el suelo, entre las retamas, en las ramas de los árboles... Apenas se podía ver el terreno en algunas zonas... solo plásticos. Esta imagen me entristeció mucho, y me hizo ser más consciente del daño que le estábamos haciendo al Planeta. También en el trayecto pudimos ver algunos animales salvajes, como impalas, jabalís verrugosos, antílopes. ¡Todo un espectáculo para la vista!

No bajábamos en las paradas que hacía el bus (a no ser que fuera para ir al baño), pero alrededor del vehículo se congregaban cientos de vendedores que te ofrecían de todo: desde comida hasta souvenirs. El autobús no llevaba aire acondicionado y el calor era muy intenso. Sonia y yo tratábamos de permanecer lo más presentes posible, sin pensar mucho, disfrutando de cada momento. Además de las personas que íbamos sentadas, mucha gente estaba de pie. En una parada entró una señora con un bebé. Sonia, para ayudarla, le dijo que le dejara al bebé y se lo puso en el regazo. Al poco tiempo... ¡el bebé se hizo pis! Y no llevaba pañales, sino una tela que hizo que a ella se le empapara su ropa. Las dos nos reímos, y le entregó de nuevo el niño a su mamá. Aquel viaje fue una experiencia interesante, sin duda.

Al volver a casa, seguimos con nuestra rutina. Por las mañanas nos dedicábamos al taller, y por las tardes descansábamos y estudiábamos suajili con un profesor particular. Pasábamos muchas horas hablando, pues estábamos las dos solas. También nos gustaba visitar templos de distintas religiones. Estuvimos en una iglesia evangelista el día que recibía a nuevos pastores, y luego fuimos a comer con ellos. Eran americanos, y su visión de África no me gustó demasiado, ya que después de darles la mano a los feligreses a la salida de la iglesia, se fueron rápidamente a desinfectarse. Además, durante la comida hicieron comentarios que, a mi parecer, estaban fuera de lugar.

En otra ocasión fuimos a una mezquita a orar con la vecina, Salima, que era musulmana y se había convertido en nuestra amiga. Eran de origen somalí, y muchos días cenábamos con ella o celebrábamos sus festivales en su casa. Su madre era una mujer bellísima, anciana, esbelta, serena. Me encantaba verla y sonreírle (pues ella no hablaba inglés ni suajili). Sentía una conexión muy especial con ella. En la mezquita, nos colocamos en la parte de arriba, junto al resto de las mujeres, con la cabeza cubierta por un velo, y aunque no entendíamos nada, nos postrábamos cada vez que ellas lo hacían. Después de haber estudiado un tiempo filología árabe, aquella incursión me resultó fascinante.

La familia de Salima tenía ganado. En su jardín vivía un chico, Godi (al que llamábamos «Pastor»), que cuidaba de las cabras y vivía en una pequeña choza de barro. Godi solía venir a visitarnos a menudo, y aunque no le entendíamos, su sonrisa nos encandiló y le cogimos un gran cariño. Además de Godi (o Pastor), recibíamos visitas inesperadas, como la de una mujer masái que vino preguntando por María y Karmina. La invitamos a comer con nosotras, se sentó en la mesa y le ofrecimos gazpacho. ¡La cara que puso esa mujer al beber el líquido no se me olvidará en la vida! Seguramente no había probado nada más «asqueroso» jamás. Nada comparado con un buen vaso de sangre fresca de cabra y leche... que tenía el mismo color que el gazpacho, pero seguramente muy distinto sabor.

La casa estaba en medio de un camino, así que, de cuando en cuando, entraban personas al salón, se sentaban, estaban un rato y se marchaban. ¡Increíble! Al principio Sonia y yo nos sorprendíamos, y tratábamos de ser hospitalarias, sentándonos con ellos en silencio durante horas. Pero luego nos acostumbramos a ser la parada de paso, y nosotras seguíamos con nuestras rutinas mientras ellos se quedaban en casa. Cuando se cansaban, se levantaban y se iban, sin más.

A pesar del tiempo que había pasado, Jaime seguía en mi mente. Seguía enamorada, aunque ya había perdido casi la confianza en que volveríamos juntos, después del último encuentro. Aun así, me había quedado enganchada en ese amor. Gracias a mis largas charlas con Sonia, pude por fin entender que estaba perdiendo el tiempo, y que Jaime no recibía todo ese amor que le estaba entregando. Le mandé una carta bastante cruda donde le explicaba mis sentimientos, y con eso cerré su historia. O al menos eso creí en ese momento.

Aunque a veces sea difícil, es necesario soltar aquello que ya no nos aporta, como viejas relaciones o situaciones que solo nos retienen. Esto no significa que debamos olvidar o negar nuestro pasado, sino más bien aprender de él y seguir adelante. Y eso hice yo.

Cerrado, en ese momento, el capítulo de Jaime, mi corazón estaba libre de nuevo. No quería volverme a enamorar, pues había pasado mucho tiempo enamorada sin parar: Sergio, Álvaro, él. Pero nosotros no decidimos esas cosas, sino que es el corazón el que de pronto se despierta y vuelve a latir por otra persona. Esta vez fue la sonrisa de Pastor la que me cautivó.

Siempre me ha gustado mantener el contacto con mis seres queridos, y aunque en aquel año ya había correo electrónico en algún cibercafé de la ciudad más cercana a nuestra casa, prefería escribir cartas. Mantenía el contacto con mis amigas de la universidad, con Luis (dueño de *Elegido*), con mis padres y hermano, con Nuria y con muchas más personas allegadas. También escribía a Paris, que en un par de ocasiones me llamó por teléfono nada menos que a Tanzania, porque a él no le gustaba escribir.

Pastor y yo comenzamos a tontear. Él era un par de años más joven que yo y muy inocente. Esta vez fue Sonia la que hizo de alcahueta para que comenzáramos a salir, y sin darme apenas cuenta allí estaba, viviendo una historia de amor, esta vez con un hombre africano.

Pastor era de un pueblo de las montañas, Machame, en las faldas del Kilimanjaro. Su familia era pobre, aunque tenían algo de terreno y algunas vacas. Su padre y una hermana habían muerto hacía años por una picadura de serpiente, algo que al parecer era muy común en esa zona donde vivían, así que solamente quedaban Pastor, otro hermano mayor y su madre. Cuando tenía tiempo me subía a su pueblo y me quedaba unos días allí con ellos, en la aldea.

No es fácil ser una europea en África. La primera vez que fui al pueblo de Pastor, todos los chicos le miraban y le preguntaban por mí, y él se mostraba muy orgulloso diciendo que era su novia.

En ocasiones, sentir que no encajamos debido a nuestra raza o ser quien más destaca en un grupo puede ser una experiencia desagradable. Pero aprendí que era fundamental recordar quién soy en mi esencia, más allá de las apariencias externas o las expectativas sociales.

Un día decidí quedarme a dormir en el pueblo de Pastor y cuál no fue mi sorpresa cuando, llegada la noche, me dijo que dormiría en una choza con su cuñada y otra niña… ¡En la misma cama! Era una cama de 90 cm y allí me tumbé, con los pies de la cuñada y de la niña en mi cara, sin apenas poder respirar. ¡Pasé una noche terrible! Al día siguiente, le dije que si quería que me quedara más veces en su casa tendríamos que dormir juntos. Le pidió permiso a su madre y dormimos en otra choza los dos. Sé que para Pastor no fue fácil, y que esta decisión tuvo repercusiones en su vida, por eso le agradecí su valentía.

Cuando subía al pueblo solía llevarles comida: arroz, plátanos, azúcar, harina… Para mí no suponía un gran esfuerzo, y ellos me daban de comer siempre que estaba allí, así que era lo menos que podía hacer. Me resultó muy curioso que daba igual la cantidad que llevara, todo se cocinaba y se terminaba ese día. Me sorprendía ver que no guardaran comida para otros días, pero entendí que, cuando vives en el día a día, da igual lo que vayas a comer mañana: lo importante es comer hoy. Y lo mismo pasó con la ropa: sus sobrinas pequeñas siempre iban con la ropa sucia y rota, así que les compré ropita, pero nunca se la vi puesta. Según comprendí también, cuando se tiene poco hay que apurar al máximo aquello de lo que se dispone, y cuando ya no se pueda usar, entonces se utiliza el nuevo. Eso de tener un vestido para cada día es un lujo occidental que en muchas partes del mundo no conocen.

Los días que pasaba en Machame eran muy tranquilos. Pastor se marchaba al mercado a comprar, y yo me quedaba con las mujeres de la familia sentada en una esterilla debajo de un árbol de mango, simplemente estando. A veces venían niños a verme, o a veces me iba con ellos al río a bañarme, pero no conocía el estrés.

Simplemente vivía el momento, aunque no siempre fuera fácil. En occidente estamos acostumbrados a tener que hacer, pero en otras partes del planeta el ritmo de vida es muy diferente. Frenar y adaptarse a ese ritmo es también un aprendizaje que tuve que hacer en ese momento, y que me ha servido a lo largo de mi vida.

El día de Nochebuena de ese año 2001 Pastor me invitó a la misa de Navidad en la iglesia luterana. ¡Allí sí que me sentí diferente! Había cientos de personas africanas... y yo... tan blanquita...

Me sorprendió muchísimo que durante la ceremonia el pastor luterano (que tenía una gran mansión en el pueblo) nombraba en voz alta a las personas que habían donado dinero a la iglesia y decía la cantidad que habían dado. Cuanto más dabas, más aplausos. Y me conmovió ver cómo la religión se había apoderado de aquellas gentes que apenas tenían dinero para sobrevivir, y que, en lugar de cantar cantos a la naturaleza en los tiempos de cosecha, cantaban himnos de la Iglesia. Y he de decir que cuando el pastor luterano se enteró de que mi Pastor había dormido con una mujer extranjera sin estar casado, le prohibió volver a la iglesia. A él le afectó, y solo espero que le perdonaran y pueda seguir yendo hoy en día a su congregación religiosa sin problema.

Sonia y yo íbamos a menudo a Moshi, la ciudad, bien a comprar o a dar un paseo. Allí había una gran comunidad hindú. Me fascinaba ver a las mujeres indias con su sari caminando por la calle, con la elegancia que este vestido les otorga. En una papelería conocimos a Malti, y pronto nos hicimos buenas amigas. Era una mujer mayor (unos 60 años) y viuda, cuyos hijos vivían en Estados Unidos. Sus padres eran de India, pero ella había nacido en

Tanzania. A menudo Malti nos invitaba a su casa a comer, y llegó a tratarnos como hijas hasta que se enteró (pues se lo dijo ella misma) de que a Sonia le gustaban las mujeres. A partir de ese momento desapareció de nuestras vidas, tristemente para nosotras. Sin embargo, las dos entendimos que, para una mujer de su edad, en aquellos años y con su cultura, lo que le dijimos era inaceptable. Aun así, Sonia quiso ser sincera con ella, y las dos aceptamos las consecuencias de perder su amistad.

También solíamos ir a un restaurante indio donde bebíamos zumos de caña de azúcar y comíamos *bujia* (una especie de buñuelos de harina de garbanzo fritos). Allí me sentía como en casa. Yo no lo sabía entonces, pero aún me quedaban bastantes años para saborear la verdadera esencia de la India.

A los tres meses de llegar nos caducaba el visado y teníamos que salir de Tanzania, así que nos fuimos las dos a Kenia a visitar Nairobi, Mombasa, Malindi y Lamu.

Una de mis películas preferidas es *Memorias de África*. Y estando en Nairobi, no podía dejar de ir a la casa de Karen Blixen, la escritora danesa protagonista de la película. Fue un momento muy emotivo, pues allí estaba todo: su ropa, sus fotografías, la famosa casa (los exteriores de la película fueron rodados en Kenia y los interiores en estudios), ¡y las colinas de Ngong! Visitamos el museo y la fábrica de café que se quemó. Me sentí muy afortunada de estar en aquel lugar.

De Nairobi fuimos a Mombasa, y de allí a Malindi, donde pasamos una noche. Después salimos rumbo a Lamu, una pequeña isla paradisiaca donde vivía una mujer española jubilada de la que nos habían hablado: Carmen Giralt.

En el camino de Malindi al puerto donde había que coger un pequeño ferry que nos llevaría a Lamu, el bus se quedó atrapado en el barro. Pasaron varias horas hasta que lo pudieron sacar, y con el barro hasta las rodillas los viajeros tuvimos que caminar un kilómetro a pie para coger otro bus que vino a rescatarnos al otro lado del camino. En esa aventura conocimos a Yumbe, una chica musulmana de Lamu, con la que hicimos amistad.

Al llegar a Lamu, Yumbe nos llevó hasta la casa de mamá Carmen (como se la conocía en la isla). Nos recibió en su habitación, postrada en su cama como una dama. Tenía por aquel entonces 70 años y padecía ELA (esclerosis lateral amiotrófica). Había sido actriz de cine en los 80, apareciendo en algunas películas de la época como extra, y había tenido una vida muy peculiar: de señora a sirvienta, terminando como vigilante en un museo. Al jubilarse, Carmen hizo un viaje a Kenia con una amiga, y cuando conoció Lamu, decidió retirarse allí y disfrutar dignamente con su humilde pensión. Se compró una casa y vivió con sus empleados, que la cuidaban como a una madre y a los que ella trataba como familia, hasta que murió en 2010. Carmen y yo hicimos una bonita amistad y nos estuvimos carteando varios años, pero no pude despedirme de ella pues cuando la enfermedad ya no le permitía escribir, perdimos el contacto.

Aquel día mamá Carmen nos ofreció quedarnos en una especie de habitación/trastero que tenía alquilada, ya que no nos conocía de nada y no le habíamos avisado de nuestra llegada, por lo que, obviamente, no nos quería alojar en su casa. Sonia y yo pasamos allí una interesante noche, rodeadas de diferentes bichillos nocturnos.

Gracias a Yumbe conocimos bien Lamu y a sus gentes. Yumbe salía con su burka a la calle, pero cuando entraba en casa se quedaba en pantalón corto y fumaba porros con sus amigos y su marido. Ella nos decía que le gustaba salir así vestida, que se sentía elegante, y pasaba más desapercibida. Lo duro, en mi opinión, es cuando llevar el burka se convierte en una imposición social o religiosa, y coarta la libertad de la mujer.

En Lamu no hay coches, solamente burros y una ambulancia. Allí tienen sus mansiones muchos famosos del mundo entero, como Carolina de Mónaco. Pasamos unos días en ensueño en la isla, y nos volvimos a Mailisita.

Entretanto, el proyecto de HADCO no funcionaba bien: el padre de Karmina había fallecido, y María estaba embarazada, por lo que ninguna podía dedicar tiempo a buscar fondos para la ONG. Además, las chicas a las que enseñábamos seguían sin terminar de comprometerse. Así que en diciembre decidieron cerrar.

Sonia y yo nos quedamos sin el objetivo que nos llevó a Tanzania. En ese momento, tuvimos que decidir qué hacer el resto del tiempo que nos quedaba allí. Yo tenía mi vuelo de vuelta en mayo y ella un poco antes. Sonia decidió irse a viajar por su cuenta, pero yo sentí que tenía que quedarme en Mailisita con María y Karmina.

Antes de marcharse hicimos dos viajes juntas: uno fue a una misión de dos padres españoles que vivían perdidos en medio de la sabana, en Mangola, en el borde del parque del Serengueti. Para llegar allí tuvimos que coger varios autobuses y dos coches compartidos. Pasamos por parajes indómitos, con masáis cuidando de sus rebaños en medio de la sabana, aldeas y ríos que tuvimos que cruzar andando, pues los jeeps no podían atravesarlos con personas dentro... Llegamos bien entrada la noche, muertas de cansancio, de suciedad y de hambre. Los padres Pepe y Miguel nos recibieron muy amablemente; nos dejaron ducharnos y nos dieron de cenar. Al día siguiente, los dos sacerdotes espiritanos nos mostraron su misión, y nos llevaron a ver a los bosquimanos o hadzas, una de las últimas tribus nómadas del planeta. No quedan muchos miembros de estas tribus y cuando estuve en el año 2001 estaban ya muy «corrompidos». Tenían montadas atracciones para los turistas a cambio de dinero: tirar con arco y flechas, hacer con las mujeres un collar de cuentas de plástico que parecían de los mercadillos españoles, etc. Me entristeció mucho ver su situación. El Gobierno les había ido quitando territorio, y ahora tenían solamente unas hectáreas y poca caza para sobrevivir. Pero me apasionó su forma de vida, pues solamente tenían unas telas en las que llevaban pieles, algún útil de cocina y poco más.

Desde bien pequeña el nomadismo me apasionaba. Cuando veía a los gitanos, quería ser como ellos, quería ser libre para andar descalza, para cantar alrededor de un fuego, para ir de lugar en lugar con la casa a cuestas. Y ver a aquellos bosquimanos me conmovió. Siempre digo que tengo alma nómada. Desde que dejé la casa de Pozuelo, con 19 años, no he parado de moverme de un lugar a otro, cambiando de país, de casa, de trabajo.

Estos cambios vitales me han ayudado, a lo largo de los años, a entender también la impermanencia. Como dice la filosofía budista, todo es transitorio, y el ejemplo de los pueblos nómadas me recordó este principio: soltar y estar abierta a lo que el camino tuviera preparado para mí.

Al día siguiente, Pepe y Miguel tenían que oficiar una boda en medio de la nada y nos invitaron a ir con ellos. Llegamos a «la nada», y allí, bajo unas lonas, celebraron una pequeña ceremonia y nos dieron de comer. En esa fiesta hicieron el té con el agua de los charcos, y nosotras lo bebimos encantadas y agradecidas de estar viviendo esa experiencia.

El otro viaje que hice con Sonia fue una aventura aún mayor: quise darle una sorpresa a Pastor y llevarle a ver el mar, que no conocía. María y Karmina nos habían hablado de un amigo suyo que vivía en Pangani, un pueblo de la costa tanzana, y tenía una barca en la que llevaba a la gente de «extranjis» a Zanzíbar. Aunque esta región pertenece a Tanzania, es zona libre de aranceles, por lo que hay que entrar con visado y desde Daar es Salam, la antigua capital del país, en ferri.

No le dije a Pastor donde íbamos, así que cuando vio el mar desde el bus, su cara fue un poema. ¡No lo podía creer! Su sonrisa era aún más grande de lo habitual.

En Pangani nos alojamos en un hostal y preguntamos por el amigo de la barca, pero nos dijeron que estaba en Zanzíbar y que no volvía hasta dentro de una semana. No podíamos quedarnos una semana allí, así que indagando nos remitieron a un marinero y sus dos hijos, que con su cayuco salían a Zanzíbar por la mañana. Quise ir a conocerlos, y cuando Sonia vio la «embarcación» me dijo que no debíamos ir, pero yo en ese momento no temía a casi nada y les convencí.

Al día siguiente salimos el marinero, sus dos hijos y nosotros tres con rumbo a Zanzíbar. Nos habían dicho que se tardaba unas 5 horas, así que no llevamos comida, pues pensamos que a las 12:00 o 13:00 estaríamos allí saliendo a las 7:00 am.

La experiencia fue maravillosa. En medio del océano Índico, en un barco de vela, sin motor, llevados solamente por la fuerza del viento, sintiendo el mar, el aire, el sol. Me sentía feliz, pues amo el mar y cualquier tipo de embarcación para mí es un regalo (¡desde un pedaló hasta un yate!). Llegamos a la hora prevista a Zanzíbar, desembarcamos en una playa de ensueño, y quedamos con los marineros para el día siguiente a la misma hora.

Pasamos el día paseando por Zanzíbar, conociendo un poco la parte antigua (Stone Town). Es una isla muy bella, con reminiscencias de los musulmanes en la arquitectura, con callejones estrechos, zocos y playas paradisíacas.

Dormimos en un hotelito y, a la mañana siguiente, estábamos en la misma playa para volver a Pangani, una vez más sin provisiones, pues todo había ido como estaba previsto en la venida. Sin embargo, a mitad de camino, el viento... se paró. Se paró de verdad. Nos quedamos a la deriva, en medio de la nada, en silencio, esperando a que un poco de viento nos ayudara a avanzar. Pero nada. A mí al principio me gustó la experiencia del silencio en medio del océano, pero las horas pasaban y el viento no parecía tener ninguna intención de soplar. Los marineros estaban intranquilos y Pastor, asustado. Al cabo de unas 3 horas, empecé a asustarme yo también al tomar conciencia de la situación: estábamos en un cayuco en medio del océano, donde nadie podría encontrarnos. Un tiburón o una ballena podían volcar la embarcación, o simplemente un gran barco chocar con aquel tronco flotante, y nadie volvería a saber más de nosotros... Invoqué al viento, pero no me hizo mucho caso.

En un momento de desesperación los marineros decidieron comenzar a remar, pero... ¿hasta cuándo podrían hacerlo? No se veía la costa por ninguna parte, aunque ellos se afanaron y avanzamos un poquito... muy poquito.

Y, claro, después de la calma... ¡la tempestad! El viento empezó a soplar, cada vez con más fuerza, trayendo unas nubes negras hacia nosotros... ¡y se desató una enorme tormenta eléctrica que movía la embarcación sin control de un lado a otro! Pastor lloraba rezando y pensando en su pobre madre; Sonia vomitaba por la cubierta, y yo, por mi parte, trataba de animarlos a los dos, ya que les había embarcado en aquello y me sentía responsable. Fue un momento horrible. Nunca pensé que la mar pudiera ser tan brava. Estábamos empapados, pues el agua de las olas caía como cascadas sobre nosotros, con frío, asustados, mientras los marineros trataban de mantener el control de la vela. E hicieron buen trabajo, porque no volcamos. Cuando la tormenta fue amainando, vimos a lo lejos las luces del pueblo. Habían pasado más de 14 horas, ¡pero habíamos llegado! Y entonces... ¡se fue la luz! Y la costa se quedó a oscuras. Menos mal que los marineros tenían mucha experiencia y supieron llegar a la playa, aún sin luces de referencia.

Una vez allí nos fuimos los tres al hotel mojados, tiritando de miedo y frío, y dando gracias a Dios por estar vivos. Al entrar a la habitación, nos abrazamos, lloramos, reímos, y finalmente nos dormimos.

Al cabo de dos días llegó el amigo de Karmina y nos llevó en su barca a un arrecife de coral cercano a la costa a hacer snorkel. Lo que vi allí debajo es indescriptible... Peces de colores y de mil formas, corales bailando con el ritmo del mar, acantilados negros que no tenían fin... Otro momento sin duda inolvidable.

No sé si Pastor habrá vuelto al mar, pero no creo que haya podido olvidar su primer encuentro con él.

Embarcación en la que fuimos a Zanzíbar (Tanzania)

Regresamos a Mailisita. María había vuelto con Pinieli, y también lo había hecho Karmina, junto con su novio de entonces, su primo y dos amigos suyos que venían a pasar un tiempo... de relax. Así que éramos 9 personas en la casa, una gran comunidad. Pero pronto Sonia decidió marcharse y seguir su camino. Fue difícil la despedida, pues habíamos compartido muchas cosas, pero tenía que ser así. A esas alturas, ya me había acostumbrado a que las personas vinieran y se fueran de mi vida. Hasta mi adolescencia todo parecía estable a mi alrededor, pero desde que salí de mi entorno de Pozuelo, las experiencias con personas a las que me unía y luego tenía que dejar atrás habían sido recurrentes. Eso no significa que no me doliera la separación, pero, una vez más, hice mi trabajo de desapego, sabiendo que cada una tenía que seguir su propio camino.

Vi a Sonia alguna vez cuando volví de África, y luego perdimos el contacto. Recientemente, caminando por una calle de Madrid a lo lejos una mujer me llamó la atención por su «poderío». Cuando estuve más cerca... ¡era ella! Nos fundimos en un abrazo, y quedamos un día a cenar. Los recuerdos de África invadieron la velada.

Pero volviendo a Tanzania... Karmina y María llevaban ya tiempo viviendo allí y tenían muchos amigos. A menudo íbamos a Marangu, un pueblo en la puerta del parque nacional del Kilimanjaro donde vivía Ignás, un buen amigo, guía del «Kili». Yo nunca pude subir al monte, pues era muy caro (al igual que nunca pude hacer un safari). Mi economía era muy precaria, y algunas amigas de España y mi hermano me tuvieron que hacer préstamos para poder seguir con mi aventura. Sin embargo, Ignás conocía entradas al parque «secretas» y nos llevaba de excursión a los frondosos bosques llenos de cascadas. La naturaleza era mágica. Las cascadas fluían con fuerza, y nos bañábamos en estanques de agua tan congelada que cuando metías una parte del cuerpo, inmediatamente ya no la sentías, ¡pero no se podía dejar pasar esa oportunidad! En las faldas del Kilimanjaro empecé a amar el río, en el que ahora me siento más cómoda que en el mar.

En una ocasión no me encontraba muy bien y me fui al dispensario local. Me hicieron pruebas de malaria y di positivo, pero no quería tomar medicación (en aquella época no tomaba nada químico) y me fui a una tienda india de Moshi, la ciudad cercana, a por un tratamiento. Me dieron pastillas de neem (una planta autóctona de India y Birmania que tiene muchas propiedades curativas, y que allí se llamaba *muarrobaini*) y con ellas superé mi primera malaria.

Como el proyecto se había cerrado, me quedé sin ocupación. Junto con Sonia, había conocido a una mujer local, mamá Lema, que a veces venía a visitarnos. Era extravagante y misteriosa, pero parecía tener buen corazón. Cuando le conté que no tenía nada que hacer, me dijo que me ayudaría, y me consiguió unas clases como voluntaria en el instituto de un sobrino donde estudiaban chicas que se preparaban para ser profesoras de educación infantil. No podía impartir nada concreto, pues no tenía formación para ello, pero el director me dijo que bastaba con que un día a la semana fuera allí y pasara una hora con las chicas. Me gustó la experiencia. Simplemente pasábamos la hora hablando. Ellas me transmitían sus preocupaciones y me hablaban de como sentían. Me decían que habían perdido su identidad, pues la cultura occidental lo había absorbido todo, haciéndolas creer que eso era lo «bueno», y su cultura era lo «malo». No se identificaban con lo que occidente les brindaba, pero, de alguna manera, estaba impuesto en la sociedad. Yo traté de transmitirles la belleza que encontraba en su cultura, en sus raíces, en su tierra; traté de hacerles entender que occidente no es como en los anuncios de

Coca-Cola, y que la vida no es tan sencilla como parece. No sé si a alguna le sirvió mi mensaje, pero en el tiempo que estuvimos juntas creamos un bonito vínculo.

Mamá Lema dirigía también un orfanato en un pueblo cercano al de Pastor. Comencé a ir allí algunos días a pasar el rato con los niños y las niñas. Les llevaba cuadernos, pinturas, comida, y jugaba con ellos. Una vez, mamá Lema se fue a la capital a recaudar fondos y me tuve que hacer cargo del orfanato durante un tiempo. No fue fácil, pues yo no tenía medios para pagar los gastos de la comida diaria, y Mamá Lema estuvo desaparecida casi un mes. Pero con amor y confianza, salimos adelante.

La vida con la comunidad de españoles en casa era divertida. Pasábamos muchas horas muertas, todos sentados en el salón, jugando a contagiarnos los bostezos, o haciendo juntos ganchillo. ¡He de reconocer que hice varios gorros! También hicimos algunas excursiones y viajes a Marangu, el pueblo de Ignás, y recibimos visitas interesantes, como la de los bicicletos, un grupo de españoles que estaba recorriendo África en bici y al escuchar sobre nosotros pasaron a vernos. Se quedaron unos días en casa, compartiendo sus aventuras.

La relación con Pastor siguió un par de meses más después del incidente del cayuco en Pangani. En una ocasión, Pastor me pidió dinero para ayudar a su familia a abrir un puesto de frutas, y de alguna manera lo conseguí. Cuando le preguntaba por el puesto me decía que iba bien, pero yo quería comprobarlo con mis propios ojos. Le pedí que me llevara a verlo, pero él me insistía en que no, hasta que al final accedió. Supuestamente el puesto estaba en Arusha, una ciudad grande cerca de nuestro pueblo. Pastor iba a estar allí unos días, y me dijo que su hermano pasaría en el autobús para recogerme. Efectivamente, me monté en el bus con su hermano y al llegar a un cruce de la carretera que iba a Arusha nos desviamos, y al poco tiempo cambiamos de bus. Yo no pregunté nada. Me dejé llevar. Y comenzamos a avanzar por la sabana de nuevo, en medio de la nada. Hasta que, después de muchos kilómetros de caminos polvorientos, llegamos a una aldea que más bien era una calle. Curiosamente cuando llegaba yo, mamá Lema estaba cogiendo el bus de vuelta y se sorprendió al verme allí. "Ten cuidado" –me advirtió– "este sitio no es seguro".

Llegué con el hermano hasta el puesto de Pastor. Él estaba detrás de una caseta con rejas donde había colgados plátanos y otras verduras y hortalizas. Al preguntarle por ese lugar, me dijo que era peligroso, pues no había policía ni nadie que vigilara. Era un pueblo minero, llamado Mererani, donde los hombres trabajaban en las minas de tanzanita, una piedra semipreciosa que solo se encuentra en este país. Vi pasar un camión cargado de hombres con rostros tristes y la tez azulada, y quise hacer una foto (y, de hecho, la hice). Pero Pastor se enfadó conmigo y me dijo que eso había sido muy temerario. Además, en mi curiosidad, le pedí que nos acercáramos a la mina, pero se negó en rotundo. Una mujer occidental allí era un blanco fácil… aunque yo no era consciente del peligro. Las minas pertenecían a empresas en su mayoría europeas, y las personas que trabajaban en ellas eran esclavos: no recibían salario, tan solo un plato de comida al día, y si encontraban un trozo de piedra, les daban una pequeña parte para vender en el mercado negro. Esa era su paga. Por eso allí ni la policía se atrevía a entrar.

Pastor solía dormir en el suelo de la tienda cuando se quedaba en Mererani, pero esa noche una señora nos dejó su habitación/choza para dormir en un camastro. Al acostarnos escuché ruidos… y vi que las paredes, ¡estaban repletas de cucarachas! No hay insecto al que tenga más fobia que a la pobre cucaracha. Pero allí, en medio de la nada, no tenía más alternativas, así que me abracé fuerte a Pastor lloriqueando y, al cabo de unas horas, me quedé dormida. Al día siguiente me marché en el autobús con él.

En el puesto de fruta de Pastor

Cuando Pastor empezó a ganar dinero, su actitud cambió. Pasó de ser un chico simpático, jovial, inocente, a ser alguien que presumía de sus gafas de sol o de su cazadora… y me dejó de gustar, pues perdió esa inocencia que me había seducido.

Rompimos la relación, y seguimos siendo amigos, aunque había dejado de trabajar en casa de los vecinos y desde entonces ya apenas nos vimos. Hace poco, a través de mama Lema (con quien sigo en contacto) y gracias a

Facebook (que ya llega a casi todos los rincones del mundo), supe de nuevo de él, y me mandó una foto con su mujer. Está bien, sigue en su pueblo y tiene 4 hijos.

A lo largo de mi vida, he observado cómo las posesiones materiales pueden cambiar a las personas de manera sorprendente, a menudo alejándolas de su verdadera esencia. Es como si esas cosas tuvieran el poder de eclipsar nuestra auténtica identidad. Cuando acumulamos bienes materiales en exceso, a veces perdemos de vista lo que realmente importa: las relaciones, las experiencias, y nuestro propio crecimiento espiritual. Lo que ocurrió con Pastor me recordó la importancia del desapego, de liberarnos de la idea de que nuestras posesiones definen quiénes somos. En lugar de ello, deberíamos centrarnos en nutrir nuestro interior y mantenernos fieles a nosotros mismos, incluso cuando el mundo exterior intente distraernos con sus promesas de felicidad a través de las cosas materiales. Es así como podemos descubrir que nuestra verdadera riqueza reside en nuestra esencia, no en lo que poseemos.

Un mes antes de que naciera el bebé de María, Karmina y ella decidieron que se iban de Mailisita. El clima era hostil, la casera estaba poniendo problemas con el alquiler, y María no quería que el bebé creciera allí. Decidieron que un buen sitio para mudarse podía ser Zanzíbar, así que, junto con el grupo de españoles, volvimos de nuevo a Pangani para buscar casa. Esta vez el amigo de Karmina sí estaba en el pueblo y nos llevó en su barca (que tenía motor) de nuevo hasta la isla. Pasamos un par de días buscando alojamientos y encontramos una bonita casa que les alquilaban a comienzos de junio (el bebé tenía que nacer en abril). La apalabraron, y regresamos de nuevo a Pangani, llegando por la noche y saliendo a escondidas a la playa para que no nos viera la policía costera, ya que en la barca traían mercancía de contrabando (televisiones, radios, etc.).

Al día siguiente de volver de Zanzíbar, una de las chicas y yo empezamos a encontrarnos mal. Fuimos al dispensario y nos dijeron que teníamos malaria. ¡De nuevo! Esta vez me afectó mucho más. Tenía diarrea, dolor en cada articulación de mi cuerpo (incluso en algunas que no sabía ni que existían), fiebre alta, sudores. Estábamos las dos bastante enfermas. Yo empecé a tomar las pastillas de neem, y en el hostal un señor nos dijo que nos diéramos friegas con agua de neem y que bebiéramos infusiones. Así lo hice, y a los pocos días me curé. La otra chica optó por la quinina y también se recuperó. Una vez nos recobramos, volvimos a casa.

Otra de nuestras excursiones por la zona fue a un manantial natural en medio de la selva. Fuimos con una mujer que había conocido en Moshi, Marta. Estaba trabajando en un proyecto de desarrollo y, aunque vivía en Noruega, era latinoamericana. El manantial era maravilloso, totalmente salvaje. Al ver aquellas aguas nos metimos a nadar sin pensar. Salían chorros calientes del fondo del estanque… ¡Una fantástica sensación, un jacuzzi natural! Y cuando salimos del agua unos chicos locales nos dijeron que estaba prohibido bañarse, ¡ya que había cocodrilos! ¡Bendita ignorancia!

María estaba a punto de salir de cuentas. Ella quería tener al bebé en casa y se había traído desde España mucho instrumental para el parto: tijeras, gasas, guantes, etc. Tratamos de buscar una matrona en el pueblo, pero ninguna se quería responsabilizar del parto de una «muzungu», nombre que recibimos los blancos en esa zona de África. A pesar de eso, seguía dispuesta a hacerlo en casa... hasta que llegó el día.

Comenzó con las contracciones por la mañana, y el dolor que sentía le hizo replantearse su decisión. Así que, todos en acción (ahora quedábamos cinco personas en la casa, pues los demás se habían ido marchando), cogimos una colchoneta, una mosquitera, ropa para ella y para el bebé, un paraguas (estaba lloviendo), un cronómetro y un cuaderno (para medir y apuntar las contracciones), y nos fuimos entrada la tarde andando por los caminos al dispensario más cercano. Cada vez que María tenía una contracción, nos parábamos. Karmina se agachaba para que yo pudiera escribir sobre su espalda el minuto, activaba el cronómetro, y cuando acababa la contracción, paraba el cronómetro y volvía a escribir. Mientras tanto, Pinieli abrazaba a María y Oscar sujetaba el paraguas para que no se mojara... ¡Un show!

Después de esperar un rato bajo la lluvia, las monjitas que llevaban el dispensario nos dijeron que no podía quedarse allí, ya que no había condiciones para atender un parto, y nos mandaron a otro hospital cerca de Moshi. Como era de noche, llovía, y no había transporte, tuvimos que llamar a una pareja de amigos que vivían en la ciudad y regentaban un hotel en la costa de Tanzania. Un poco enfadado por nuestra falta de responsabilidad, el marido vino a buscarnos para llevarnos al hospital indicado. Pero en ese hospital tampoco nos atendieron, y nos mandaron, finalmente, al hospital de la ciudad.

María estaba dolorida, cansada, asustada. Nos instalaron (y digo «nos», pues con todo lo que llevábamos y todos lo que éramos montamos un campamento) en una habitación sencilla, y allí nos dejaron. Los médicos no venían a ver a María, que cada vez tenía más dolor; así que, en un momento dado, decidí tomar las riendas de la situación: me senté junto a ella y comencé a hacer respiraciones de relajación, y una pequeña meditación para que visualizara al bebé, para que se conectara con él y le pidiera que saliera ya. Esto le ayudó a calmarse. Cuando el médico vino a verla ya estaba preparada para el expulsivo. Dejó entrar a Pinieli y una persona más, y ante mi asombro (pues pensé que entraría Karmina, su amiga), decidieron que fuera yo, para seguir con el trabajo de respiración. Entramos los tres junto al médico a un quirófano sencillo, que contaba solamente con una camilla y algunos utensilios. Y tras unos empujones (varios, de hecho) … ¡llegó Endeiba! Cuando le vi salir estaba morado, y pensé que estaba muerto… ¡Qué segundos más eternos! Hasta que el médico le dio un azotillo y comenzó a llorar. Un precioso niño, sano, había llegado al mundo. Pasamos el resto de la noche en el hospital, durmiendo en las colchonetas en el suelo, y a la mañana siguiente salimos de allí todos orgullosos con nuestro pequeño.

Sin duda este acontecimiento me unió mucho a María, con la que, en un principio, no había conectado del todo. Pero ahora éramos las tres como hermanas. Podía haberme marchado antes del parto a viajar por otros lugares, como Sonia, y, sin embargo, sentí que tenía que estar allí en ese momento, y después de nacer Endeiba entendí el porqué. Una vez más mi intuición me había guiado.

¡La subida de leche de María fue brutal! El bebé no podía con tanto alimento, y a ella le dolían los pechos muchísimo. Karmina y yo tratamos de buscar algún bebé en el pueblo al que nos dejaran para tomar la leche de

María, pero nos tomaron por locas. Así que, ante el sufrimiento de una amiga, hallamos la solución: nosotras beberíamos la leche. Había venido Teresa desde Nairobi, una amiga que era corresponsal de una radio española en Kenia. Estábamos las cuatro en una habitación, y entonces nos lanzamos: Karmina y yo, cada una en un pecho, comenzamos a mamar de María... Un poco raro, ¿verdad? Pero hay ocasiones en que hay que sobrevivir, y esta era una de ellas. Nos reíamos las tres, entre nerviosas y avergonzadas por la situación, pero después... ¡nos gustó la leche! Por suerte, solamente tuvimos que recurrir a este método una vez. Después sus pechos se vaciaron y el bebé ya era capaz de tomarlo todo.

A los pocos días de nacer Endeiba, como no hacíamos gran cosa (aunque yo iba al orfanato, pues la escuela de formación ya había terminado), decidimos hacer un nuevo viaje a Kenia. María y Pinieli se quedaron en casa con el bebé. Fuimos a Nairobi unos días, nos quedamos a casa de Teresa y después nos pusimos rumbo a Lamu. Como ya conocía a mamá Carmen y habíamos mantenido el contacto, esta vez nos alojamos en su casa nueva, que acababa de terminar de construir a orillas del mar. Así pudimos compartir más tiempo con ella: la sacábamos de paseo en su silla de ruedas a merendar en su lugar favorito. Especialmente a mí, que ya conocía la isla, me gustaba mucho quedarme en su habitación escuchando sus historias de juventud. Escribí, al regresar a casa, un relato sobre mamá Carmen, que le mandé un tiempo más tarde por correo postal.

Al volver a Tanzania, recogimos la casa de Mailisita, y con todos nuestros trastos nos mudamos a casa de Marta, nuestra amiga de Noruega. Tenía una vivienda grande para ella sola, con un cocinero fantástico que nos preparaba deliciosas comidas, y una mujer que se encargaba de limpiar y lavar. Teniendo en cuenta que en nuestra casa siempre habíamos lavado a mano en el jardín, en esos días nos sentimos como auténticas reinas.

Solamente compartí unos días con ellos, pues había llegado el momento de marcharme. Pensé en cambiar el vuelo y quedarme más tiempo, irme a vivir a Zanzíbar, pero no tenía nada de dinero y no era fácil encontrar trabajo. Así que, triste, dejando al Pastor entre lágrimas, volví a España con la maleta llena de vivencias, de recuerdos... y vacía de dinero.

La experiencia de Tanzania fue muy enriquecedora. Aprendí mucho de la vida, de la supervivencia, del día a día de millones de personas que no saben si mañana estarán vivos, y que se aferran al presente como si fuera el último momento. Me gustó aquella parte de África por la naturaleza, enorme y salvaje, pero me entristeció ver en qué habían convertido los «muzungus» a aquel continente: un continente sin raíces, sin tradiciones, donde la cultura que ha sobrevivido está totalmente envuelta en el sello occidental. Y si las gentes me resultaban tristes, no era que no sonrieran, no; era porque percibí que tenían un vacío interno que habían llenado con religiones que no les pertenecían. Me sentí un poco culpable por pertenecer a la parte del mundo que había destruido la magia de esa parte de África, pero poco podía hacer al respecto.

Capítulo Nueve

Unos Meses En Madrid

Llegué a Madrid en mayo del 2002, después de 8 meses en Tanzania, sin planes. Para mí era un gran cambio aterrizar de nuevo en España, con todo lo que había vivido en esta última etapa, y sin saber muy bien qué iba a hacer a partir de entonces. Estaba perdida, y Nuria me daba el espacio, el apoyo y la seguridad para tomarme mi tiempo de reflexión, así que me quedé con ella unos días en su finca.

A pesar de haber pasado ya por esa sensación despúes del regreso de Creta, esta vez el tiempo había sido más dilatado, y la experiencia más intensa. Además, ahora no tenía planes de futuro. ¡Y ya no existía la peseta, sino el euro!

Dejarse llevar por el destino no es siempre fácil. A veces vemos claro el camino, pero otras, se muestra confuso y hay que aprender a confiar en la vida, estando atenta a las señales que nos envía y a lo que sentimos con esa información. Y eso traté de hacer yo durante los días en *Amor y Vida* (la finca de Nuria). Después de descansar y retomar el contacto con la naturaleza, volví a casa de mis padres. Había llegado el momento de tomar decisiones.

Mis abuelos vivían en su terreno en aquel momento, y estaban solos. Necesitaban a alguien que les cuidara, pues mi abuela se había roto una cadera y ya no se movía muy bien. Pensé que podía ser una oportunidad de pasar más tiempo a su lado y tener unos pequeños ingresos, así que regresé a mis orígenes, a la finca en la que crecí, al campo. Eso era lo más parecido a Tanzania que iba a encontrar en mi entorno. Volví de África en comunión con la naturaleza, de modo que, al trasladarme con ellos, decidí dormir al aire libre en lugar de dentro de la casa. Me sacaba una colchoneta, me instalaba una mosquitera y allí pasaba la noche bajo las estrellas, escuchando a los grillos. ¡Mis pobres abuelos pensaron que había enloquecido! Pero a mí era lo único que me ayudaba a seguir en contacto con lo que había vivido.

La convivencia no fue fácil. Los ratos libres de que disponía, cuando no tenía que atenderles, los pasaba allí en el campo, escribiendo poesía y leyendo, observando los árboles o jugando con los perros, como cuando era pequeña. Se trataba de un lugar muy especial para mí, así que, a pesar de las dudas que me asaltaban acerca de mi futuro, me sentía segura en ese entorno. Además, esta experiencia me sirvió para conocer un poco mejor a mi abuela, con la que pasaba largas horas hablando sobre el pasado, sobre su vida. Sentía también que, de algún modo, estaba pagando una deuda pendiente, pues ella me cuidó como una madre mientras yo aún era un bebé. Ahora, había llegado el momento de cuidarla yo a ella con todo el cariño que pudiera.

Los abuelos son una parte muy importante de las vidas de las personas. Yo he tenido la suerte de conocer a los cuatro y de haberlos disfrutado. Este tiempo con ellos fue un gran aprendizaje de vida, de aceptación, y de vuelta a los orígenes.

Por aquel entonces tenía una conocida que había estado varias veces en la Fundación Vicente Ferrer, en India. Era amiga de Vicente, así que le pedí el contacto y, ni corta ni perezosa, llamé por teléfono a Anantapur (el pueblo donde está la sede del proyecto) preguntando por él. No estaba en ese momento, pero el chico que me atendió me dijo que escribiera una carta de motivación, y así lo hice: un escrito de 5 folios que resumía mi vida y mi experiencia. Al cabo de un tiempo recibí un *email* diciendo que me aceptaban como voluntaria para ser profesora de español, y que comenzaba en enero del 2003.

¡No lo podía creer! ¡Por fin iba a ir a la India! ¡Por fin iba a cumplir mi sueño de trabajar en una ONG allí! Y no en una cualquiera, sino en la Fundación. Para mí Vicente era un modelo a seguir desde hacía tiempo por su trayectoria vital, sus principios y su entrega a los demás. Llevaba años siguiendo su labor y, casualmente, en ese momento me encontraba leyendo un libro sobre su vida que me había dejado mi tía Marisa. Así que estaba pletórica. El único inconveniente era que con lo que me pagaban mis abuelos no tenía para el billete y la estancia. Sin embargo, no me di por vencida, y supe que llegaría algo para ayudarme a lograr mi meta.

Un par de días después de conocer la noticia, Paris me llamó por teléfono. Le conté que me iba a ir a la India y que necesitaba dinero para el vuelo y el alojamiento durante el año que duraría mi estancia en la Fundación. Él me ofreció irme a Grecia para ayudarle con la iglesia que estaba pintando. Yo no sabía pintar, nunca había cogido un pincel, pero insistió en que el trabajo era muy fácil, y me pagaría 3000 euros por un mes. ¡Con ese dinero sería la reina de la India!

Así que después del verano, a principios de septiembre de 2002, dejé a mis abuelos, a mis amigas y a mi familia, y me volví de nuevo a Grecia.

Capítulo Diez

Un Giro Inesperado

Paris vino a recogerme al aeropuerto de Atenas con su perrita, Michi. Recuerdo que cuando llegué y nos abrazamos tuve la sensación de volver a casa. Me sentía segura, tranquila en sus brazos. Era como si el tiempo no hubiera pasado para nosotros, como si siempre hubiéramos estado juntos. No obstante, llevábamos un año y medio sin vernos. Ese reencuentro me reconfortó.

Cuando llegamos a su casa, me encontré con que vivía en un estudio. Solamente había una cama de matrimonio, un sofá cama, un baño pequeño y una mini-cocina. ¿Allí viviríamos un mes? Bueno, no me importó. Acepté las condiciones porque el lugar era bonito, en frente del mar.

A esas alturas de mi vida ya sabía aceptar las cosas como llegaban. No me cuestionaba mucho si era lo que quería o no. Cuando tomaba una decisión, entendía que las situaciones que se daban eran las adecuadas para lograr el aprendizaje que me había llevado a tomarla. Así que, una vez más, me dejé mecer por el destino.

Al día siguiente de llegar, nos fuimos a la iglesia que estaba pintando en ese momento. Se encontraba en una carretera entre dos ciudades de la isla de Evia, cerca de Atenas: Artaki y Xalkida. Llevaba casi 10 años trabajando en ella, pues era un edificio muy grande, con tres naves alargadas de unos 50 metros cada una. Paris hacía pintura al fresco, es decir, que pintaba directamente en la pared, no en lienzos como otros artistas de iconos bizantinos, una técnica antigua que aprendió en una escuela de Atenas. En esa década había parado algunas temporadas para vivir en Creta, donde yo le conocí. Ahora le habían encargado terminar definitivamente con las pinturas del templo de Agia Anargiri.

Al ver la iglesia, no lo podía creer. No podía creer que él, con sus manos, hubiera pintado aquellas paredes tan hermosas. Y tampoco podía creer que tuviera que subirme a unos andamios caseros, cruzados por cuarto tablones de madera, a 7 u 8 metros de altura, a trabajar pintando un techo. ¡Horror! Las primeras veces que subí me temblaba todo, pero al cabo de unos días ya era como andar por casa.

Para mí el miedo es también un modo de aprendizaje. Enfrentarnos a él nos ayuda a superarlo. El miedo se puede volver un gigante si le damos espacio en la mente. Sin embargo, si le plantamos cara y entendemos que no es sino producto de nuestras ideas preconcebidas o experiencias traumáticas pasadas, se desvanece y nos hacemos un poquito más fuertes. Yo superé mi miedo a la altura en aquellos andamios.

Mi tarea consistía en pintar el techo de la nave lateral izquierda con flores iguales, desde el principio hasta el final. Paris me enseñó cómo hacerlo y, poco a poco, fui cogiendo el ritmo.

A los pocos días de llegar a Evia fue mi cumpleaños y Elena, nuestra amiga de Creta con quien compartimos viajes y aventuras por la isla en mis tiempos de Erasmus, vino a celebrarlo con nosotros. Me gustó el reencuentro. Estar otra vez los tres (y Michi) fue muy especial, pues

156

significaba estar de nuevo cerca de personas a las que amaba y a las que había dejado atrás hacía unos años, sin saber si volvería a verlas. Ahora en Grecia me sentía como en mi casa.

Poco tiempo después de estar allí también llegó de manera inesperada un primo de Paris, que pasó un par de noches en la habitación con nosotros; él se quedó en el sofá-cama, y yo tuve que compartir cama con Paris. Ya lo había hecho anteriormente en Voliones, su pueblo de Creta, así que tampoco me supuso un gran problema. Pero esta vez era algo diferente, pues yo no estaba enamorada de nadie. Mi corazón estaba libre, sin ataduras; así que, entre los masajes de después del trabajo, las camas compartidas, y las horas solos en la iglesia... pasó lo inevitable.

Paris había dejado de fumar y de beber alcohol en el tiempo que estuve fuera, y eso me ayudó a decidirme a empezar una relación con él, pues por aquel entonces yo ya tampoco lo hacía y no quería esa vibración en mi vida. Había aprendido que la energía que rodea a las personas es contagiosa, y que al rodearnos de personas cuya energía se alinea con la nuestra, podemos nutrir y fortalecer nuestro propio camino, y juntos crecer en armonía hacia nuestro aprendizaje.

Comenzamos a estar juntos y seguimos nuestra rutina habitual: al amanecer nos levantábamos, y mientras él se bañaba en el mar (era invierno), yo paseaba con Michi. No era playa de arena, sino de rocas, y cada mañana me llevaba una bolsa vacía e iba recogiendo los plásticos, latas, botellas, etc. que me encontraba. Después de desayunar íbamos a la iglesia, donde estábamos subidos en el andamio unas cinco horas sin parar de pintar. Al mediodía llegábamos a casa, nos duchábamos, comíamos, descansábamos un poco, y volvíamos al trabajo hasta que anochecía.

A los pocos días de estar pintando manera diaria, mi cuello empezó a sufrir, pues tenía que estar toda la jornada mirando al techo con los brazos estirados. Sin embargo, aunque estaba agotada físicamente, encontraba una sensación de conexión espiritual en lo que hacía. Pasar 8 horas en una iglesia bizantina, con olor a incienso, en silencio, se convirtió en una meditación. Incluso a veces, mientras estábamos allí arriba, llegaba el párroco y oficiaba una misa en griego antiguo. Nadie se percataba de nuestra presencia, pero nosotros nos sumergíamos en la belleza de la ceremonia.

Los fines de semana descansábamos y solíamos hacer excursiones por Evia. Paris había vivido allí con su exmujer, y conocía muchos lugares recónditos. También íbamos a veces a Salamina, otra isla cercana a Atenas, a ver a sus hijos, que vivían con su madre.

En una ocasión fuimos de acampada a pasar la noche a una playa perdida. Después de montar la tienda, nos acercamos a cenar a una taberna y, sorpresas del destino... ¡allí estaba Sofía! (la mujer con quien había vivido en Creta). Nos miró desconcertada, pues creo que no se esperara volver a verme en Grecia, y con Paris. Nos saludamos cordialmente, y seguimos nuestros caminos. Estaba con su hija, que ya tenía 2 años y que, como es obvio, no sabía quién era yo. Un encuentro inesperado, que no sería el último entre nosotras.

Tengo que admitir que, aunque el trabajo que hacía suene muy idílico, tuve momentos de gran depresión mientras pintaba. Lloraba, pues no quería hacer más flores, me dolían el cuello, los brazos... No podía seguir, y en varias ocasiones le dije a Paris que iba a dejarlo. Pero, aun así, con mucha fuerza de voluntad y un alarde de valentía, lo terminé: alrededor de 350 flores pintadas, una a una, por mí.

Recordemos que había ido a Grecia buscando ganar dinero e irme a India, que era mi sueño. Sin embargo, tras ese mes las cosas eran distintas. Ahora estaba enamorada, y no quería abandonar a Paris, pero tampoco quería dejar de ir a la India. Así que lo hablamos, y decidimos que se vendría conmigo. Solo me pidió que antes volviéramos a Creta porque tenía que terminar otros encargos de la iglesia de Voliones. Luego, nos iríamos los dos. Mandé un correo a la Fundación informando de los cambios, y pidiendo permiso para que Paris viniera también como voluntario unos meses y, aunque no era lo habitual, accedieron.

La casa de Paris en Voliones, que yo ya conocía, no tenía luz eléctrica, ni agua caliente, ni ducha, pero estaba en un entorno maravilloso en medio de las montañas, aunque muy aislado. Había un pequeño jardín delante, un viñedo detrás, dos habitaciones, un porche cubierto, un saloncito, cocina y baño. Cuando llegamos, la casa llevaba cerrada más de un año, así que tuvimos que ponernos a limpiarlo todo. Por la noche, al tumbarnos en una camita en el salón (pues el resto estaba aún sucio), las ratas empezaron a hacer su aparición. Ese había sido su hogar, y desde las paredes nos miraban sorprendidas, pues les habíamos invadido ¡No podía dormir con aquellos roedores mirándome! Pero una vez más, como sucediera con las cucarachas en Tanzania, me abracé a Paris y recé para que la noche terminara pronto. Pasé tanto miedo que al día siguiente tuve décimas de fiebre.

Arreglamos la casa como pudimos. Pintamos las habitaciones de colores, limpiamos todo a fondo, compramos un colchón nuevo, y comenzamos a vivir allí. Nos duchábamos en un barreño en la cocina calentando agua en el fuego, teníamos una estufa de leña como calefacción, y un generador que nos daba unas horas de luz por las noches. También teníamos que cocinar al día, pues no había nevera.

Saber vivir con tan poco es todo un desafío, pero también una lección muy valiosa. Ya estaba acostumbrada a las austeridades gracias a África, y había aprendido que, al reducir mis posesiones y comodidades, me liberaba y podía apreciar aún más las cosas simples de la vida. No necesito mucho para ser feliz ya que para mí la verdadera riqueza radica en las experiencias y relaciones significativas más que en lo material.

Voliones era un pueblo muy pequeño, de unos 60 habitantes, casi todos mayores de 55 años, donde Paris tenía mucha familia: varios de sus tíos y primos vivían allí, y después de salir de la iglesia solíamos pasar a verlos. La gente del lugar nos apreciaba mucho, pues, además de ser parientes, les agradaba tener a una pareja joven viviendo de manera tan sencilla y cercana a ellos. Siempre nos daban verduras de la huerta, fruta, aceitunas...

Paris era hijo único. Su padre, Manolis, había nacido en Voliones, aunque se crio en Atenas. A pesar de eso, siempre se sintió próximo al pueblo, donde vivían varios de sus hermanos y familiares cercanos. Así que, poco a poco había ido comprando terrenos allí. Tenían muchos olivares y algunos viñedos. A los pocos meses de llegar a vivir a Creta, ya empecé a recoger las aceitunas, que después llevábamos a la cooperativa de su primo para hacer nuestro aceite. También producíamos vino, y con la piel de la uva elaborábamos raki, el licor local, una especie de orujo muy fuerte que algunas mujeres locales, aún en esa época, utilizaban para lavarse a base de friegas.

Algunas tardes después del trabajo nos bajábamos a la ciudad, Réthimno, donde había estado viviendo 4 meses, a pasear, pues la vida en el pueblo era demasiado solitaria y silenciosa. Allí no nos quedaban apenas amigos, ya que los estudiantes de mi época se habían marchado. Elena también se había mudado, y la gente local no estaba especialmente abierta a nuevas relaciones.

Al poco tiempo de estar con Paris empecé a sentir la llamada de la maternidad. Tenía 30 años y me sentía preparada. Él tenía ya sus tres hijos, pero no le importó la idea de un nuevo bebé, aunque tenía 43 años.

Es curioso cómo actúa en algunas mujeres esa «llamada de la maternidad». Aunque de pequeña decía que quería tener hijos (sin saber muy bien qué significaba eso), después de mis andanzas por Creta y Tanzania me había propuesto continuar mi camino libre de responsabilidades, dedicándome al trabajo en las ONG y viviendo sin ataduras. Pero la relación con Paris, la estabilidad de un hogar y un trabajo lo cambiaron todo, y esa «llamada» de la que tanto había escuchado hablar, llegó también para mí. Y decidí seguir mi instinto, una vez más. Además, en el tiempo que había compartido con Nuria, Leila y Altair, había decidido que, en caso de que la vida me llevara a tener hijos en algún momento, nacerían en casa (como ellos lo habían hecho). Tampoco quería escolarizarles, pues estaba en contra del sistema, falto de creatividad, aburrido y obsoleto. Quería parto natural, sin vacunas, y educación en el hogar. Paris estuvo de acuerdo conmigo, y comenzamos a buscar un bebé.

Era diciembre del 2003, y en vista de los cambios que estaban sucediendo en mi vida, decidí avisar a la Fundación en India para que no contaran conmigo. Me resultó muy duro tomar esa decisión, pues era un sueño que iba a cumplir, pero nunca perdí la esperanza de que los tres, en el futuro, viajáramos allí. De cualquier modo, ya en el año 2000 había planeado ir con Álvaro al Kumbh Mela (el festival religioso más grande del mundo); sin embargo, al romper la relación, él se marchó y yo me quedé en España, así que entendí que podía seguir esperando un poco más.

A veces en la vida tenemos que tomar decisiones que cambian el rumbo de nuestro destino. Pero si entendemos y aceptamos que cada cosa que nos sucede es por algún motivo, esas elecciones nos ayudan a crecer, a dejar ir los apegos y abrirnos a nuevas vivencias. Y eso me pasó a mí. Soltar India en ese momento, aunque doliera, me trajo una experiencia, sin duda, maravillosa.

Hacía meses que no volvía a España, así que en mayo del 2003 me fui con Paris unos días para presentarle formalmente a mi familia, a mis amigos, a mi entorno.

Después de tener parejas de diferentes culturas, y de interactuar con personas que también las tienen, he entendido que es importante que ambas partes conozcan mutuamente el entorno de la otra. Aunque seamos felices en un país que no es el nuestro, las raíces que nos unen a nuestra tierra natal están ahí, y la familia es parte de nuestra esencia. Sin ese conocimiento del lugar originario por ambos, yo personalmente creo que hay algo que se queda vacío, pues la otra persona no llega a comprender, verdaderamente, quiénes somos. Para mí, en ese momento, era importante que mi familia conociera a Paris, y que él también supiera de dónde venía la mujer con la que compartía su vida.

Al llegar a Madrid, estuvimos un par de días en casa de mis padres y después nos marchamos a Palma de Mallorca un fin de semana. Rossana y Ferrán, mis compañeros de casa en los tiempos del Erasmus en Creta, vivían allí y nos invitaron a pasar un tiempo con ellos.

Esta vez nuestro amor era oficial, así que, siguiendo los rituales con Ferrán, subimos al pico del Cap Formentor, y allí nos volvió a «casar». Lo celebramos con una comida en el campo y un documento «oficial» firmado por ambos. Fue un momento muy entrañable.

En una visita a la ermita de Virgen de Lluc, pedí quedarme embarazada (y después descubrí que Paris le pidió lo mismo), pues llevábamos meses intentándolo sin resultado, y eso estaba suponiendo algo de estrés para mí. Cada mes sentía que tenía síntomas de embarazo, pero siempre eran falsas alarmas (mi periodo era muy irregular, por lo que la menstruación no era una ayuda en este momento).

El resto de los días en Madrid hicimos todo lo típico de los turistas: campo de fútbol del Real Madrid, autobús de dos plantas por el centro de la ciudad, Toledo, Ávila, Segovia. Vimos a mis amigas de la universidad, a Nuria, y le presenté a Paris a mi familia extensa (tíos, primos). Para él fue muy especial, y se quedó prendado de España. En esos días empecé a sentirme bastante cansada, y lo achaqué al ritmo de visitas e idas y venidas. Pero cuando llegamos a Atenas, un poco desesperanzada, me hice una prueba más de embarazo y esta vez... ¡ahí estaba! Positivo... ¡Por fin iba a ser mamá!

Desde el primer momento que supe de mi embarazo empecé a comunicarme con el bebé, y no dejé de hacerlo todos los días hasta que lo tuve en mis brazos.

Volvimos al pueblo en Creta, continuando el trabajo en la iglesia y nuestra vida tranquila y natural.

Un día, caminando por Réthimno nos encontramos con una chica que había sido la niñera del hijo de Caroline, la que fuera nuestra profesora de percusión durante el Erasmus. Me dijo que Caroline también estaba embarazada, y que seguro que le gustaría verme. Nos puso en contacto, y ese fue el comienzo de una bonita amistad que dura hasta ahora.

Mi embarazo fue muy bien. Buscamos un médico que estuviera de acuerdo con el parto en casa, y encontramos uno en la ciudad de Chania, a unos 80 km de donde vivíamos. Desde el principio yo fui quien tomó las decisiones, quien pedía las ecografías, los análisis y las pocas pruebas que fueran necesarias. Además, a través de una amiga conocimos a Victoria, una matrona que había hecho las prácticas en Holanda y había asistido a algún parto en casa. Trabajaba de enfermera en el hospital de Réthimno, y le pedimos que nos asistiera en el nacimiento del bebé. Se resistió bastante, pues la práctica no estaba regulada en Grecia y si sucedía algo, perdería su trabajo y su licencia. Pero yo seguía dispuesta a tener a mi niño (en un principio me dijeron que era niño) en casa y, aunque Victoria me hizo seguimiento cada mes, hasta el último momento no aceptó acompañarnos.

Los meses pasaban. Yo estaba rebosante de felicidad. Pusimos un panel solar en la casa para tener agua caliente y un poco más de electricidad, y seguimos trabajando como de costumbre, aunque según avanzaba el embarazo yo me subía menos a los andamios por el peligro que conllevaba.

En Navidad me fui a España para ver a mis padres, a mi hermano y a mis amigas. Tenía ganas de compartir con ellas mi felicidad y que vieran el cambio que se estaba produciendo en mi cuerpo. En esos días hablé con Nuria, y le pedí que viniera a mi parto, pues ella tenía experiencia, era una hermana para mí, y quería que sus manos fueran las primeras que tocaran a mi bebé. Ella aceptó encantada.

El ginecólogo calculó que el niño nacería a mediados de febrero, así que a principios de este mes Nuria, Leila y Altair se vinieron a Creta para estar con nosotros antes del parto.

Los días transcurrían tranquilos. Algunas veces bajábamos a la playa a recoger troncos de madera que expulsaba la mar para la estufa; otras veces paseábamos por el pueblo. Los hijos de Nuria estaban acostumbrados a vivir en la naturaleza, así que para ellos aquello era como su hogar. Pero el bebé no llegaba, y en la semana 40 (según los cálculos del ginecólogo) empecé a preocuparme, pues no tenía ningún indicio de parto. Cuando se va a tener el bebé en casa, aconsejan esperar a la semana 42 como mucho. Si para entonces no hay síntomas de pre-parto, hay que provocarlo, ya que el feto puede comenzar a sufrir e incluso morir. Yo seguía decidida a parir en mi casa. Pensar en un hospital con médicos que no conocía, forzándome a estar en una postura antinatural, quizá hasta poniéndome oxitocina (dilatador) o la epidural me espantaba, así que hablaba con mi bebé (que, por cierto, en el 8.º mes nos dijeron que era una niña) y le pedía por favor que llegara pronto y bien. Había practicado yoga y meditación a diario desde el comienzo del embarazo, así que estaba convencida de que la conexión con mi hija era muy fuerte, y de que no me fallaría.

A finales de febrero cayó una nevada que nos dejó asilados un par de días. Por suerte, no me puse de parto en ese momento.

Después de llegar a la semana 40, íbamos cada poco tiempo al ginecólogo, que me hacía ecografías, y me aseguraba que el bebé estaba bien y que era cuestión de tiempo. Yo seguía asustada, aunque quería confiar en la naturaleza y su sabiduría. Por suerte tenía a Nuria a mi lado, que me trasmitía su paz y su confianza en la vida. De nuevo, ¡no sé qué hubiera hecho sin ella!

Al ver que el parto se retrasaba, Paris me empezó a «obligar» a ir a caminar todas las mañanas por el campo, cuesta arriba y cuesta abajo. También como apoyo, Victoria, mi matrona, propuso invitar a nuestra casa a una amiga enfermera y reflexóloga para que me diera un masaje en los pies. Y tengo que decir que el efecto fue increíble.

Al día siguiente de dicho masaje todo seguía como el día anterior, así que le propusimos a Nuria ir a conocer a un monje muy anciano que vivía en un monasterio, cerca de Chania. Se decía de él que estaba Iluminado, y que, a pesar de ser ciego, era capaz de «ver» a la gente. A Nuria le encantó la idea, pero cuando nos empezamos a preparar para salir, sobre las 11 del mediodía...

¡comenzaron por fin las contracciones! Llamamos a Victoria para que se viniera al pueblo, e iniciamos los preparativos.

Paris se encargaba de la estufa, que estaba tan fuerte que nos obligaba a estar medio desnudos dentro de la casa. Cuando Victoria llegó ya llevaba 7 cm de dilatación, escuchó el latido y me dijo que todo estaba bien. Yo me quedé sola en una de las habitaciones, ya que les había pedido a ella y a Nuria que solo entraran en el momento del expulsivo, y Paris venía con frecuencia para verme y apoyarme.

Por suerte fue un parto corto: solamente 5 horas de dolores. Pero hubo un fallo que me hizo pasarlo peor, y es que no tenía ningún sitio al que agarrarme. No podía sentarme, pues en cuanto lo hacía el dolor era muy fuerte, y tampoco tumbarme. Así que lo pasé entero de pie, paseando arriba y abajo por la habitación, colgándome del cuello de Paris cuando las contracciones eran ya muy dolorosas. Cuando finalmente llegó el momento, avisé a Nuria y Victoria, que vinieron con Leila y Altair. A los pocos minutos la cabeza de Ananda estaba fuera, con los ojos abiertos (según me contó Nuria) mirando el mundo. Al salir por completo, Nuria la recogió con una tela blanca de algodón de la India y me la entregó. Nos sentamos Paris y yo con ella, la miré y le pregunté a Nuria: "¿Y ahora qué hago?". Ella, tan dulce como siempre, me dijo que le hablara, y eso hice. Tenía el bebé más bonito del mundo. Era el 3 de marzo del año 2004.

Algo después salió la placenta, y después de un rato Paris cortó el cordón umbilical. Me había desgarrado un poco, así que Victoria sugirió que me vendrían bien unos puntos. Quise hacerlo sin nada, pues mi anestesia en ese momento era mi niña. Fue una escena rocambolesca: yo tumbada en la cama con el bebé en brazos, las piernas abiertas y Paris con una linterna alumbrando la zona, mientras Victoria le preguntaba: "¿Te parece bien que le demos un punto aquí?". "Sí", le decía él... y así me cosieron. Plantamos más tarde la placenta en el jardín, a los pies de una chumbera.

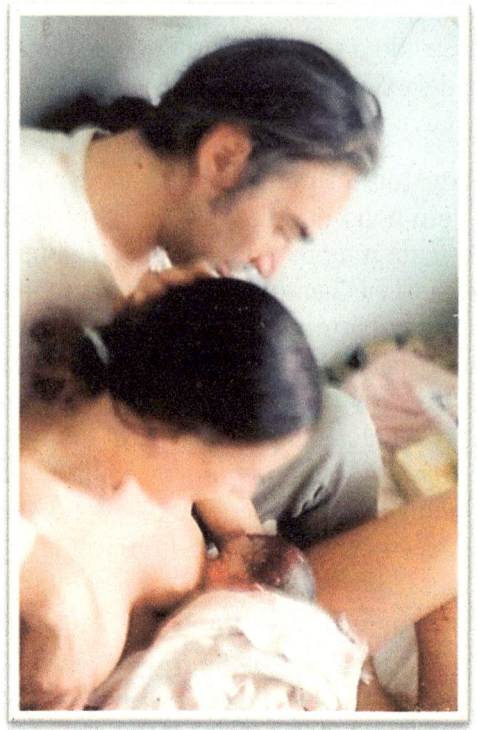

Parto de Ananda

Desde que supe de mi embarazo Paris estuvo rebosante de felicidad con la idea de la nueva paternidad. Solía cantar con la guitarra canciones al bebé en mi vientre, y cuando lo acariciaba me decía: "Solamente pido dos

168

cosas, que nazca sano, y que tenga los ojos verdes, como tú". Ananda le escuchó y nació con unos preciosos ojos color esmeralda.

Los días después del parto fueron molestos por los puntos, pero estaba feliz con la niña en casa, y Nuria se encargó de todo: limpiar, cocinar, recibir a las visitas. Fue una bendición, aunque a los pocos días se tuvieron que volver a España.

La maternidad es una experiencia única e indescriptible. Saber que hay un ser humano dentro de ti, ser consciente de cómo crece, notarle moverse, traerle al mundo con el dolor que eso supone, es algo que había querido experimentar, y afortunadamente, la vida me ayudó para que todo saliera bien. Conocía los riesgos del parto en casa, que, por si fuera poco, en ese momento no estaba muy extendido. Pero también tenía mucha seguridad en mí misma, y en la capacidad de las mujeres de parir de manera natural. Sentía que el cuerpo de la mujer estaba «diseñado» para dar a luz, y esa confianza en mí naturaleza me hizo no tener miedo al parto en ningún momento. Además, ya había asistido al nacimiento de Endeiba en Tanzania, con lo que, de alguna manera, era un proceso que había vivido. Aunque ahora la protagonista era yo.

Un tiempo más tarde, acompañé de nuevo a Victoria en el parto en casa de una amiga de Creta.

Cuando, a los pocos meses de embarazo nos dijeron que era niño, no sabíamos qué nombre le pondríamos. Finalmente nos gustó Minoas, como el legendario rey cretense del minotauro y el laberinto de Cnosos. Pero al saber que era niña tuve muy claro que quería que se llamara Ananda. Llevaba años pensando en ese nombre.

Era, entre otros, el nombre del primo de Buda, la persona que le asistió durante toda su vida, y gracias a la cual las enseñanzas budistas llegaron a conocerse. En hindi Ananda significa «bendición, felicidad absoluta». Curiosamente, varios años después del nacimiento de mi hija, leyendo mis diarios vi que, en el 2001, al morir Mitra, mi perrita, había escrito: *"Mitra se ha ido, pero en algún momento tendré una niña que se llamará Ananda y que será mi compañera de camino"*. ¿Una premonición? O quizá otro juego del destino...

A veces, recibimos señales en la vida, pequeños destellos de algo más grande que nosotros. Y aunque puedan parecer coincidencias a simple vista, creo que hay un orden detrás de ellas. Son como piezas de un rompecabezas que, al tomar distancia y mirarlas en su conjunto, revelan un patrón que nos recuerda que estamos conectados con algo superior y que todo es, finalmente, como tiene que ser.

Una tarde, Paris y yo fuimos con la niña al monasterio de aquel monje que no llegamos a visitar con Nuria. El lugar era precioso, en lo alto de una montaña con vistas al mar. Entramos en una sala donde había más gente, reunida en torno al santo. Nadie hablaba. Solamente él, de vez en cuando, hacía alguna pregunta. A nosotros nos preguntó por el nombre de la niña, y Paris le explicó que se llamaba Ananda Luisa. Al monje no pareció agradarle mucho el nombre, pues no era griego. Nos dijo que teníamos que haberla llamado María, o Irini. Me fui de allí un poco desilusionada.

En el mes de octubre del año anterior, estando embarazada de 5 meses, había muerto mi abuela materna, con la que viví en Madrid en mi juventud. Tenía 74 años, y una vez más (como sucedió con su marido) no estaba allí para despedirme, así que en su honor le pusimos a Ananda de segundo nombre Luisa, como ella. Ananda Luisa fue el primer bebé en registrase en el distrito de Amariu (al que pertenece Voliones) en más de 40 años (y supongo que habrá sido el último, pues todos nacen en el hospital de la ciudad principal, Rethimno).

Capítulo Once

Una Nueva Etapa: La Maternidad

A los pocos días del nacimiento, la madre y los hijos de Paris viajaron a Creta para estar con nosotros. Además, mis padres también vinieron a conocer a Ananda. Ellos ya habían estado en Grecia en los años 70 y mi padre había jurado que no volvería, pues aquel país no le causó muy buena impresión. Pero volvió, y varias veces...

Con mis padres, Paris y Ananda en Voliones, Creta

Mis padres se quedaron en un hotel en Réthimno, pues la casa no cumplía condiciones de habitabilidad para ellos. Al ver como vivíamos, les costó aceptar que su nieta hubiera nacido en aquel pueblo, en aquel lugar sin comodidades, pero a esas alturas de mi vida ya habían aprendido a asumir mis decisiones sin discutirlas, aunque no estuvieran de acuerdo con ellas.

Pasamos unos días muy bonitos. Hicimos varias visitas por la isla, y tuvieron ocasión de compartir mesa y conversaciones (un poco surrealistas ya que ellos no hablaban ni entendían griego, y lo mismo les pasaba a los griegos con el castellano) con algunos familiares de Voliones.

Por desgracia, a raíz de nacer Ananda las cosas cambiaron entre Paris y yo. Aquellas que hayamos sido madres sabemos que, cuando se tiene un hijo (y más el primero), el bebé se convierte en nuestra prioridad, pues depende casi al 100 % de nosotras: somos su alimento. Hay parejas a las que no les afecta esta situación, pero otras sufren las consecuencias de la llegada de un nuevo ser al grupo familiar, que antes era de dos personas. Y a Paris y a mí nos afectó.

Paris y yo nos llevábamos muy bien. Nos gustaba compartir nuestras vidas. Pasábamos mucho tiempo solos, debido a nuestro trabajo y al entorno en el que vivíamos y, aunque teníamos nuestras diferencias, como cualquier pareja, había armonía en la relación. Pero al llegar la niña, como yo ya no podía ir a trabajar dado que la iglesia no era un lugar adecuado para estar con el bebé, me quedaba en casa a diario. Y el problema fue que él empezó a quedarse también. Le costaba estar pintando más de tres horas al día y esto, junto con la falta de ayuda por mi parte, ralentizaba mucho el progreso de los iconos. En consecuencia, nuestros ingresos también se reducían. No necesitábamos mucho para vivir, pues no pagábamos alquiler, usaba pañales de tela para la pequeña, y toda su ropa o nos la habían regalado, o era de segunda mano.

Pero teníamos que comer, y poco a poco nuestra economía se precarizó sobremanera. Ahí empezaron las verdaderas dificultades.

En junio de 2004, mi madre y sus hermanas me regalaron un billete de avión para volar con Ananda a España. Fue su primer viaje. Pasamos unos días en Madrid en casa de mis padres, donde celebramos una especie de bautizo invitando a toda la familia para que conocieran a la niña. Tras este descanso, compartiendo tiempo con mis amigas y disfrutando de mis parientes, volvimos a Creta.

Pasamos aquel verano entre el trabajo de Paris y momentos en la playa. Allí, donde vivíamos, era muy fácil llegar al mar y disfrutar de unos preciosos entornos casi vírgenes. Yo me dedicaba en exclusiva a la crianza y la casa, que era lo que había elegido hacer en aquel entonces, y lo que habíamos decidido en pareja, antes de ser padres. Por las tardes me subía con Ananda al pueblo y visitaba a Paris en la iglesia, para que no se sintiera solo. Entendía que para él era difícil pasar tanto tiempo allí, acostumbrado como estaba a pasar horas conmigo, pero las circunstancias habían cambiado, y quizá no supimos adaptarnos del todo a ellas.

Paralelamente, mi amistad con Caroline, la profesora de percusión, se fue haciendo más sólida, y cuando se enteró de nuestra situación económica, me ofreció trabajo como canguro de Marianna, la niña que había tenido unos meses antes de nacer Ananda. Así que un par de días a la semana cogía el coche y a mi hija, y me bajaba a Réthimno a hacer de niñera mientras que Paris se quedaba pintando.

No fueron tiempos fáciles; por un lado, era madre primeriza y me encontraba sola en medio de un monte en Creta. Pasaba días y días con un bebé en una casa pequeña, sin hablar con nadie más que con mi pareja, o a veces con alguna abuelita de Voliones; por otro lado, apenas teníamos dinero y las discusiones con Paris eran cada vez más frecuentes. Pero Ananda estaba creciendo sana, y eso era lo más importante en ese momento.

Cuando la niña cumplió 6 meses y tuvo que empezar a tomar comida sólida, se negaba a hacerlo. Lo intentaba de mil maneras, pero ella solo aceptaba el pecho. Visitamos en varias ocasiones a nuestra pediatra, que nos había atendido desde que nació, y que nos decía que no pasaba nada, que algunos niños querían comer más tarde y que Ananda estaba bien. Mi madre, preocupada desde España, me daba consejos por teléfono, aunque ninguno de ellos parecía funcionar, haciendo que yo me frustrara más y más.

En Navidad conseguimos ir los tres a España gracias a mis padres. A pesar de que la niña aparentemente estaba bien, había perdido un poco de vitalidad, y yo lo achaqué a algún constipado, aunque a veces tenía dudas sobre su estado de salud. Pero quería confiar en la pediatra, en mí y en la vida. Esta vez, me equivoqué.

Llegó marzo del 2005. Ananda cumplía un año y seguía sin comer sólido. Estaba muy lánguida y lloraba en cuanto no la tenía en mis brazos. Habíamos seguido consultando a la pediatra, que todavía insistía en que todo estaba bien. Aun así, después de muchas dudas, Paris y yo decidimos hacerle análisis de sangre. A las pocas horas nos llamaron del laboratorio: la niña tenía una fuerte anemia y había que ingresarla.

Salimos corriendo hacia Heraclio, la capital de Creta, a unos 100 km de casa, donde estaba el hospital infantil. Fueron los peores 100 km de mi vida. No podía parar de llorar y de sentirme culpable por lo que le había pasado a nuestra hija. Era lo que más amaba en el mundo, y por causa de nuestra ignorancia estaba enferma. Todo se me derrumbó.

Un bebé es un ser vulnerable que depende completamente del cuidado de otro ser humano. Cuando una madre ve a un hijo sufrir, el dolor que siente ella es indescriptible. Y cuando ese hijo no tiene más que un año, la culpa, el miedo, la responsabilidad, se vuelven monstruos en la cabeza. Durante ese trayecto de nuestra casa al hospital, me sentía la peor persona del mundo. Si algo le ocurría a Ananda, no podría perdonármelo jamás.

Al llegar al hospital, le hicieron inmediatamente una transfusión de sangre. Y en solamente unas horas volvió a coger color, a sonreír. Pasamos varios días durmiendo los dos en la habitación con ella: yo en la cama-cuna, encogida, y Paris en una butaca. No nos separamos ni un segundo de su lado. Unos amigos que vivían en Heraclio nos traían comida, y nos turnábamos para irnos a duchar a sus casas. La pediatra, que además era amiga, se desentendió de nosotros cuando se enteró de la noticia. A Ananda le pusieron una sonda nasogástrica por donde le empezamos a dar leche en polvo con una jeringuilla, y poco a poco aceptó el biberón y dejó el pecho. Pronto empezó también a tomar sólidos y fruta, y a la semana volvimos a casa con la sonda puesta.

Hace unos años, no demasiados, supe que yo fui la causa de la anemia de Ananda. Han descubierto que no absorbo la vitamina B12 con los alimentos. Esto, unido al vegetarianismo, hizo que mi leche no le aportara la cantidad necesaria de este nutriente. Gracias a la vida, todo quedó en un susto del que ahora solamente yo quedo como testigo.

En Semana Santa de ese año, poco después de que le quitaran la sonda a la niña, mis padres, que viajaban a Italia de vacaciones, modificaron su vuelo y pasaron primero por Atenas. Yo me cogí un barco desde Creta con Ananda y pasamos todos juntos unos días en casa de mi suegra.

Ni que decir tiene que mis padres y mi hermano, así como otros miembros de la familia, sufrieron enormemente por lo sucedido. En la distancia todo se hace más grande, y la impotencia de no poder estar con las personas a las que amas en esos momentos es dolorosa. Pero cuando Ananda estaba ingresada, les pedí a mis padres que no vinieran. Quería estar sola con Paris. No podía hacerme cargo de mí misma, ni quería escuchar palabras de nadie, aunque fueran con la mejor intención. Quizá fue un acto egoísta por mi parte, sin embargo, no lo supe hacer de otro modo en ese momento de tanto dolor y confusión.

Económicamente no nos iba mejor. Como solución, a Paris se le ocurrió que solicitáramos a mi nombre una subvención para jóvenes agricultores en Creta. Yo no quería, pues no pensaba dedicarme al campo como forma de vida, pero él insistió tanto que presentamos los papeles. Después de lo sucedido con Ananda no tenía fuerzas para pelear. Tan solo deseaba estar bien y volver a encontrar mi paz.

En vista de que las cosas no mejoraban, le propuse a Paris irnos a España a probar suerte. Quizá yo podría encontrar empleo como trabajadora social, y él quedarse con la niña en casa. No le pareció mala idea, y en el verano de 2005 recogimos nuestra casa de Creta, nos llevamos a los gatos y a Michi a casa de la madre de Paris en Atenas, y con Ananda y Manolis, el hijo pequeño de Paris (que por entonces tenía 13 años), nos fuimos a España en un Citroën AX. Yo conduje todo el viaje, ya que Paris no tenía carnet de conducir vigente en ese momento. Desde Patra, en el oeste de Grecia, cogimos un ferri a Ancona, en el este de Italia. De allí seguimos hasta Bolonia, donde vivía una amiga que mantenía de la época en la que estudiaba filología árabe en la universidad. Nos reencontramos después de muchos años, y pasamos un par de días en su casa. De Bolonia fuimos a Saint-Tropez, en la costa azul. Luego a Barcelona, y finalmente Madrid. Nos quedábamos en campings, y aunque fueron muchos kilómetros, tanto Manolis como Ananda lo llevaron bien.

Pasamos los primeros días en casa de mis padres, que nuevamente me daban refugio (he sido, sin duda, la hija pródiga más recurrente de la historia) hasta que encontramos una casita en Fresnedillas de la Oliva, justo al lado de donde había vivido antes de marcharme a Tanzania en el año 2001. Manolis se volvió a Grecia en avión, y nosotros nos mudamos a nuestro nuevo hogar.

Es difícil calcular la cantidad de veces que me he mudado en mi vida. No necesito grandes lujos, así que cualquier lugar era para mí perfecto. Con muy pocas cosas, conseguía crear entornos acogedores. El vivir de manera nómada ayuda a viajar ligera, y enseña a desprenderse fácilmente de las posesiones materiales. Ahora ya solamente cargaba con aquello que era indispensable, dejando atrás en cada ocasión todo lo que no lo fuera.

179

En Fresnedillas conseguí trabajo dando clases de yoga para el ayuntamiento, pero no duraron mucho tiempo. También empecé a dar lecciones extraescolares de inglés, que tampoco me duraron mucho. Los sueldos eran muy bajos, y no me compensaba el desplazamiento. Paris se puso a trabajar con Ismael, mi amigo del pueblo, que seguía viviendo allí, y ayudó a construir casetas en una escuela alternativa. Así que, con un poco de aquí y un poco de allá íbamos saliendo adelante.

Cuando Paris se iba a trabajar y yo me quedaba sola con la niña, salíamos al parque, a pasear por el campo y por el pueblo. En los columpios conocimos a una mamá con un niño de la edad de Ananda, Abel, que iba a la casita de niños del lugar. A medio día nos íbamos a esperarle a la salida, y así conocimos a otras dos mamás con pequeños de las mismas edades (todos chicos menos Ananda). Yolanda, Mercedes, Esther y yo nos hicimos íntimas amigas. Pasábamos mucho tiempo juntas, y aún hoy en día conservo mi amistad con ellas. Los niños se hicieron también muy amigos. Abel, Héctor, Javier y Ananda aún siguen viéndose de vez en cuando. Uno de ellos, Héctor, es el chico de mi prólogo que me dio el último empujón para escribir este libro.

En octubre de ese 2005, nos notificaron que nos habían concedido la subvención de los jóvenes agricultores, y que tenía que firmarla en el plazo de una semana. Yo seguía sin estar convencida de querer dar ese paso, pero aun así me cogí un vuelo a Atenas, un barco a Creta, y al día siguiente estaba en la cocina de la casa de mi amiga Caroline dudando de si debía firmar o no. Aceptando esta ayuda, me comprometía a vivir 10 años en el pueblo, y a dedicarme a la agricultura, y yo no quería hacerlo. Pero presionada por Paris y por la situación firmé: una década de «condena».

Nunca me han gustado los préstamos, ni las ataduras materiales a largo plazo. Me gusta vivir de lo que tengo, sin deber nada a nadie. Y cuando he tenido que pedir algo prestado, he procurado devolverlo lo antes posible. La vida me ha enseñado que es mejor no depender de nadie, y que es preferible no tener nada que deber mucho. Al menos así lo siento, y así he tratado de hacerlo siempre. Pero en ese momento no solamente dependía de mí, sino que había otra persona a mi lado que quería lo contrario, y cedí. No me arrepiento de la decisión, pues, como ya he dicho anteriormente, creo que cada paso que damos nos trae un aprendizaje; no obstante, este préstamo me obligó a estar atada a una situación que no deseaba, y que, con los acontecimientos que se sucedieron, pudo traerme no muy buenas consecuencias. Por suerte, una vez más la vida estuvo de mi lado.

Así que, después de celebrar el 2.º cumpleaños de Ananda en Fresnedillas, con mucho dolor en el corazón y una nueva furgoneta (el Citroën había muerto y habíamos comprado una Ford Transit de 2.ª mano), me despedí una vez más de mi familia, y de mis amigas, las nuevas y las antiguas.

Aquí tuve que hacer un nuevo trabajo de desapego, pues me había adaptado a nuestra vida en España, y era feliz. Veía a Ananda contenta, estaba cerca de mi familia y de mi gente, y tener que volver otra vez al lugar de donde había salido hacía tan solo un año no me seducía. Aun así, hice mi trabajo personal y me marché.

Volvimos otra vez por tierra a Grecia, con un nuevo amigo: Patán, un cachorro de mastín que encontramos perdido en la finca de Nuria. Fuimos primero a Barcelona, donde visitamos la ciudad y nos quedamos en casa de unos amigos de la familia. Después, visitamos Cadaques y dormimos en un pueblo de la Costa Brava, pues en esta furgoneta teníamos un colchón que nos permitía quedarnos donde quisiéramos. Luego, paramos en otro pueblo de la Costa Azul, volvimos a Bolonia a casa de Carmen (mi amiga de la universidad), y de allí a Ancona, ferri a Patra, hasta Atenas. ¡Y de nuevo Creta! Pero esta vez yo puse una condición: no quería vivir en Voliones, pues me había enterado, después de años viviendo allí, de que la casa entera era de amianto (o uralita), un material altamente cancerígeno. Así que nos quedamos en Réthimno, donde alquilamos una bonita casa con 3 plantas y terraza, en el casco antiguo de la ciudad. La renta era cara, pero nos habían dado ya el dinero de la subvención y estábamos un poco más desahogados.

Tuve que hacer un curso de agricultura durante un mes, donde me enseñaron sobre los cultivos, las enfermedades de las plantas, etc. Fue interesante, pero seguía sin motivarme la idea de dedicarme al campo.

En Semana Santa de ese año 2006, vino a visitarnos mi amiga de la infancia, Sandra, de Pozuelo. Aunque llevábamos años sin vernos, seguíamos teniendo algo de contacto, y cuando nos encontramos parecía que el tiempo no había pasado. Así me di cuenta de que las verdaderas amistades no entienden de tiempo ni de países. Sandra conectó muy bien con Ananda (y con Patán) y disfrutamos de unos bonitos días visitando la isla.

Habían pasado solamente dos meses desde que llegamos a la nueva casa cuando el dueño quiso subirnos el alquiler. Ya era cara de por sí, y si lo subía más, el dinero de la subvención nos duraría muy poco, así que no tuvimos más remedio que volver al pueblo. Pero esta vez nos instalamos en el porche, la única parte que no era de uralita. Tan solo utilizábamos el baño de dentro. Todo lo demás, dormir, cocinar, estar, lo hacíamos en una habitación.

Paris volvió a trabajar en la iglesia, pero de nuevo a un ritmo pausado y esta vez más relajado aun, sabiendo que teníamos dinero en el banco. En Voliones, el templo se iba pintando con lo que aportaban los feligreses. Por ejemplo, una familia donaba cierta cantidad para añadir un santo, o una escena de la Biblia, y después se ponía su nombre debajo del icono. O si alguien fallecía, sus parientes hacían un donativo para pintar algo en su memoria. Pero el pueblo era pequeño, y ya casi todas las personas habían aportado, así que no había muchos encargos. Para sacar unos ingresos extra, se nos ocurrió que Paris decorara camisetas a mano, e hiciera tatuajes de henna en la playa. También empezó a hacer pequeños iconos en piedras del mar.

Con la casa a cuestas (en la furgoneta), empezamos a recorrer las playas de Creta en verano. Paris montaba su mesita en el paseo marítimo de los pueblos costeros, y Ananda y yo le acompañábamos. Por la noche cocinaba en el camping gas y dormíamos en la furgoneta. Luego volvíamos a Voliones dos o tres días, y de nuevo salíamos a las playas. No era un mal plan para el verano, pero tampoco me seducía esa forma de vida.

Entretanto, a Paris se le ocurrió que podíamos construir una casa en uno de los terrenos del pueblo. Alguien le había dicho que, con una pequeña inversión, se podía levantar algo sencillo. Aunque nuevamente no estaba de acuerdo con la idea, pues sabía que el presupuesto que le habían dado no era real, invertimos un dinero en el proyecto, que quedó en la nada.

Ese verano del 2006 tuvimos otra visita: Natalia, que formaba parte de mi grupo de amigas de Trabajo Social. Vino con otras dos amigas suyas y se quedaron en nuestra casa: ellas durmiendo en la habitación que habíamos acondicionado, y nosotros con una tienda de campaña en el jardín. Por el día visitábamos lugares de la isla mientras Paris se quedaba en las playas haciendo sus tatuajes de henna. Fueron también unos días divertidos y diferentes, que me ayudaron a salir de la rutina.

A finales de verano, se hizo en Creta un retiro de meditación vipassana. Yo llevaba tiempo queriendo asistir, pero entendí que no era el momento, pues tenía que estar con Ananda, y decidimos que fuera Paris.

Los retiros vipassana de la escuela de Goenka (un maestro de la India) consisten en estar en un centro 10 días en silencio, solamente meditando, aislado del exterior. No se puede hablar con nadie, ni llevar libros, ni cuadernos, ni bolígrafos para escribir. El objetivo es aprender esa técnica de meditación, y después seguir practicando en casa una vez termina el retiro. Años más tarde pude también ir yo a uno y comprobé la maravilla del resultado.

Ananda y yo llevamos a Paris al lugar, y nos fuimos a pasar un par de días a casa de unos amigos, que tenían un hijo de la edad de Ananda. Habíamos hecho de nuevo un bonito grupo de madres/padres con niños/as de la misma edad, y a menudo nos íbamos a la playa o comíamos juntos en casa de alguien. Por suerte, en ese momento las cosas no iban del todo mal en la isla.

Pero volviendo de casa de nuestros amigos, en un control rutinario me paró la policía turística, y me pidió la documentación de la furgoneta, que tenía matrícula de España. Les di los papeles españoles, y me dijeron que no servían, ya que al entrar en Grecia se tenía que registrar el vehículo y obtener un permiso para circular por el país. Yo no tenía conocimiento de esto, y en varias ocasiones le había preguntado a Paris si era necesario hacer alguna gestión, pero él me decía que no, pues los dos países pertenecían a Europa. Sin embargo, parece que sí que era necesario, y los agentes se tenían que quedar con el vehículo. Muy angustiada por la situación, les expliqué que vivía en un pueblo de las montañas y que estaba sola con la niña. Ante mi insistencia y desesperación, me dejaron llevármela esa noche, pero tenía que entregarla en comisaría al día siguiente, y pagar una multa de 8.000 euros... ¡8.000 euros de multa! Se me cayó el mundo encima. Casi todo el dinero que nos quedaba de la subvención se acabó con el pago de esa sanción.

Una vez más, la vida me hizo reflexionar ante esta situación. Aquel dinero no había sido la solución de nuestros problemas. Era un dinero que yo no quería desde el principio, y que acepté por complacer a Paris. Ahora, apenas unos meses después de recibirlo, la misma vida nos lo quitaba. Y es que, cuando no se sigue al corazón, es el destino el que encauza las vías para que aprendamos la lección, aunque sea a base de sufrimiento.

Me subí a Voliones con Ananda y, al día siguiente, llevé la furgoneta a la policía, donde le pusieron unos cepos. Me dijeron que solo me dejarían quitárselos cuando les presentara los billetes de barco para sacar el vehículo del país. Me la darían el día antes de irme. Además, me pidieron mil papeles, tanto míos como de España, de mis padres, de residencia, etc. para comprobar que la habíamos comprado allí, y que yo era residente en el país. Afortunadamente, mis amigos me dejaron uno de sus coches para poder subir y bajar del pueblo y no quedarme aislada.

Intenté resolver todo aquello yo sola, pero tenía tanta presión encima que dos días antes de que finalizara el retiro llamé a Paris y le conté lo sucedido. Me pidió que esperara a que saliera para buscar soluciones, y una vez volvió tomamos la decisión: nos iríamos a vivir a Atenas. Él no tenía trabajo en Creta, pues la iglesia ya no tenía fondos para seguir pintando, y no encontraba nada en su terreno. Además, me dijo que, al ser la capital, habría más oportunidades para un pintor de iconos. Pero antes de irnos había que sacar la furgoneta de Grecia, así que me compré un billete de barco para viajar con Ananda y llevarla a España. Recogimos la casa de Voliones, sabiendo que seguramente ya no volveríamos allí, y una vez más nos despedimos de nuestros amigos, y de Creta.

Capítulo Doce

El Año Final

Era mayo del 2007 cuando llegamos a Atenas. Nos mudamos con la madre de Paris, que tenía tres apartamentos en un edificio del barrio de Elinikó, en el centro de la ciudad; dos estaban alquilados y en el otro vivía ella. En la azotea se había instalado Manolis, el padre de Paris, del que llevaba separada varios años.

Ioanna era una mujer complicada. Había sufrido un episodio traumático antes de nacer Paris, que la marcó de por vida. Tenía que tomar tranquilizantes, y su estado de nervios hacía que la convivencia fuera difícil. Era amable y generosa, aunque muy manipuladora. Siempre se andaba con triquiñuelas para conseguir lo que quería, pero hasta ese momento para mí había sido una buena suegra, pues solamente había pasado pequeñas temporadas con ella.

Descargamos nuestras pertenencias y, al día siguiente, me fui con Ananda rumbo a España; de nuevo de Atenas a Patra, de Patra a Ancona, y de Ancona a Milán. Allí recogí a mi madre, que se había cogido un vuelo desde Madrid para que yo no fuera todo el viaje sola con la niña, y de Milán nos fuimos a un pueblo de la Costa Azul. Luego a Barcelona a casa de unos amigos. Finalmente, al llegar a Madrid dejé la furgoneta en el terreno de mi abuelo y a los pocos días volé a Atenas.

Tras varios meses de convivencia con Ioanna, que fueron muy difíciles para mi hija y para mí, y después de que Paris siguiera sin encontrar empleo y solamente se dedicara a hacer tatuajes de henna (con lo que no teníamos para vivir), me planté y le dije que me marchaba a España. Era julio de 2007. Le expliqué que me iría con Ananda, y que cuando tuviera casa y trabajo, se podría venir él si quería. Se encargaría de la educación de la niña (pues recordemos que habíamos decidido no escolarizarla) y yo sería la que trabajaría.

Con este acuerdo me volví a España con mi hija, decidida a empezar de nuevo. Me instalé con mis padres y tuve la suerte de encontrar empleo nada más llegar: monitora en las colonias urbanas de Villamantilla, donde vivíamos. Eran 15 días, pero era algo. Poco después alquilé una casa en el mismo pueblo, y al terminar las colonias empecé a cuidar a los hijos de una mujer, Gema, que hoy en día es una de mis mejores amigas. Eran 3 hermanos, y la pequeña tenía casi la edad de Ananda, lo que me permitía llevarme a la niña conmigo al trabajo. Estuve con ellos todo el mes de agosto, hasta que en septiembre empezaron el colegio.

La vecina de en frente de mis padres, a la que conocía de hacía varios años, tenía una empresa de recursos para personas con enfermedad mental. Mi madre le comentó que era trabajadora social y que estaba buscando trabajo, así que su socia y ella me hicieron una entrevista. Aunque no tenía experiencia les gustó mi perfil, y decidieron darme una oportunidad.

Y así es como, a los pocos días, comencé en un área de trabajo que, para mí, era una vocación: la enfermedad mental.

Mis padres trabajaban por aquel entonces en tiendas de muebles. Mi madre estaba por las tardes, así que cuando me iba por la mañana, se bajaba a cuidar de Ananda, y como yo tenía jornada reducida por hijo a cargo, cuando volvía a comer ella se marchaba. Así nos estuvimos organizando hasta que, por fin, en octubre, Paris se vino a España.

Paris era un hombre muy bueno, pero muy introvertido. Aunque amaba a su hija profundamente, no había forjado una relación demasiado estrecha con ella. Cuando llegó y tuvo que hacerse cargo de la casa y de la niña, se le cayó el mundo encima, y decidió que iba a buscar trabajo. Yo le dije que lo buscara por las tardes, para podernos turnar con la niña y no tener que llevarla al colegio, pero en el pueblo salieron puestos de mantenimiento y decidió aceptar. Esto afectó mucho a la pareja, pues me sentía, de algún modo, traicionada. Habíamos hecho un pacto que él no cumplió, y ahora tendríamos que depender de mi madre que, aunque estaba dispuesta a ayudarnos, no le daría a Ananda la educación que yo quería (y no se trataba de que no fuera buena abuela, que lo es, y buenísima, sino porque nuestros valores son muy diferentes). Aun así, Paris aceptó igualmente el trabajo. En Navidad se fue a Atenas unos días con su familia, y en enero del 2008 comenzó a trabajar.

Escolarizar a Ananda no era una opción que barajara por aquel entonces. Como ya he dicho, no estoy de acuerdo con el sistema educativo actual, en el que los niños tienen que pasar horas sentados en un pupitre escuchando a una persona hablar sobre temas que casi nunca les interesan, en el que no se valora la creatividad, ni se potencian las cualidades de los individuos. Tenía claro que no quería eso para mi hija y luché por ello. De hecho, estuvimos algún tiempo formando parte de ALE, la Asociación para la Libre Educación, acudiendo a varios encuentros, y creando amistades con gente muy especial. Hay que apuntar aquí que, en España, la educación en casa (homeschooling) no está regulada, pero tampoco es ilegal.

La decisión de Paris hizo que pasáramos de nuevo unos meses de crisis de pareja. Y en medio de dicha crisis, sin buscarlo, me quedé de nuevo embarazada. Los tres recibimos la noticia con mucha alegría, y me di cuenta entonces de que realmente le amaba, y de que, con sus defectos y sus virtudes, igual que yo los tenía, quería seguir a su lado. Así que, después de hablarlo, decidimos casarnos. Para ello había que pedir algunos papeles a Grecia, y hacer la traducción oficial del griego al castellano.

Nos pusimos a ello, pero por cosas del destino tuve un aborto natural. Fue un duro golpe para mí. Tuve que tomar una medicación horrible que me hizo pasar por una especie de parto provocado, algo que ninguna mujer quiere vivir. Por suerte, mi madre y mi amiga Esther estuvieron a mi lado, cuidándome en ese momento tan duro. Pero así vinieron las cosas, y tuvimos que aceptarlas. A pesar de eso, seguimos con la idea de casarnos.

Perder a ese bebé fue otro difícil trabajo de desapego. Aunque solo habían pasado unas semanas desde que supe de mi embarazo hasta que aborté, sentí ese amor dentro de mí, y me conecté con el nuevo ser que se estaba formando. Pero muchas veces la vida tiene planes para nosotros que no alcanzamos a entender. Más tarde agradecí a ese bebé que se hubiera marchado, y no es porque no le amara, sino porque la vida me tenía preparado un duro golpe, que hubiera sido más difícil de encajar de haber nacido.

Desde que conocí a Paris siempre se quejaba del estómago. Lo tenía delicado, pero no le hacía mucho caso. Había dejado de beber alcohol precisamente por esos ardores que sentía cuando lo hacía, aunque esto no había sido suficiente. Cuando llegó a España en octubre de 2007, los dolores se intensificaron. Él no quiso darle mucha importancia. Finalmente, ante la persistencia del malestar, en mayo de 2008 decidió visitar a un iridólogo que nos habían recomendado.

En esa época, Paris y yo teníamos una vida bastante sana. No fumábamos ni bebíamos, éramos vegetarianos, cuidábamos nuestra alimentación y no tomábamos medicamentos. Así que la opción de la medicina alternativa le pareció bien. Siguió el tratamiento del iridólogo unos meses, pero el dolor no disminuía, así que, como última alternativa, bajó al médico del pueblo, que le recetó omeprazol. Paris no quiso tomarlo.

En Semana Santa de ese 2008 nos fuimos a Creta unos días, y pasó las vacaciones muy dolorido. Su familia le recomendó que fuera al médico, pero se negó.

Al volver a Madrid, siguió trabajando en el mantenimiento del pueblo. Empezó a perder peso, pero lo achacaba al esfuerzo físico que realizaba. Mientras tanto, yo seguía en mi puesto como trabajadora social en un equipo de apoyo para personas con enfermedad mental en Madrid. Me gustaba mucho lo que hacía, pues, como ya he dicho, para mí la enfermedad mental era vocación.

Recuerdo que, siendo muy pequeña, mi padre tenía una finca alquilada en Aranjuez junto con otros amigos. Muchos domingos nos íbamos allí, y mientras los hombres cazaban, las mujeres hacían paella y los niños jugábamos (¡qué estampa más típica de los años 80!). De camino pasábamos cerca de Ciempozuelos, y como yo vivía en Pozuelo, me llamaba la atención el nombre. Además, mis padres siempre comentaban que era «el pueblo de los locos», pues allí había dos instituciones de salud mental (lo que antes se conocía como manicomios). Cada vez que escuchaba ese comentario, misteriosamente mi curiosidad por esos manicomios iba *in crescendo*.

Años más tarde, viviendo en Los Ángeles en 1997, cayó en mis manos el libro de *Los renglones torcidos de Dios*, de Torcuato Luca de Tena, y después de leerlo mi atracción por la salud mental volvió a nacer. De hecho, me gustó tanto que comencé a escribir el guion para llevarlo al cine (recordemos que, en aquellos tiempos, el cine era el mundo en el que estaba metida). Redacté una carta para don Torcuato pidiendo los derechos para ese guion, pero nunca llegué a enviarla. Recientemente han hecho la película, ¡25 años después!

El caso es que nunca le di mucha importancia a mi atracción por la salud mental, hasta que entré a trabajar en aquella empresa, y me di cuenta de que amaba a las personas con enfermedad mental. Me sentía muy a gusto con ellas, y me consideraba afortunada al trabajar en ese recurso. Y como anécdota, diré que el día que fui a visitar una de las instituciones de Ciempozuelos para ver a un beneficiario que se encontraba ingresado, lloré de felicidad al entrar, y me sentí como en casa… Así que disfrutaba de mi trabajo.

Pero volvamos a Paris. En el mes de julio nos fuimos a Granada a ver a unos amigos de ALE (Asociación para la Libre Educación); Paris estaba muy débil y delgado, pero seguía insistiendo en que era el cansancio del trabajo. Al volver a Madrid unos días después, la situación empeoró, ya que el dolor comenzó a impedirle dormir por las noches. Volvió a bajar al médico, que de nuevo le recetó omeprazol. Entre tanto, llegaron los papeles de Grecia para casarnos. Busqué una traductora oficial, y se los envié.

Cuando llegaba la noche y veía a Paris dar vueltas por la casa me desesperaba, pues no entendía por qué no quería ir a urgencias. Mis padres también estaban muy preocupados, pero cuando le decíamos algo se enfadaba con nosotros, y en una ocasión nos gritó a mi madre y a mí: "¿Qué queréis, que tenga cáncer?". Las dos nos quedamos muy sorprendidas con este comentario, pero en ese momento entendí que la negativa de Paris a ir al médico no era por no tomar medicamentos, sino porque él sabía que algo estaba pasando.

El miedo muchas veces nos bloquea. En el caso de la salud, encuentro totalmente comprensible que el miedo nos haga negar lo que interiormente sabemos. El cuerpo es muy sabio, y si estamos conectados con él, podemos percibir cuándo algo no va bien. Afrontar estas situaciones requiere valentía, pero creo que es necesario para atajar el problema cuanto antes y poder encontrar, si es posible, una solución.

Finalmente, después de casi tres meses de sufrimiento, ante la impotencia de verle así le di un ultimátum: o iba a urgencias o se iba de casa. Sé que suena cruel, pero peor era contemplar cómo sufría de aquella manera sin poder hacer nada. Parece que esto le hizo reaccionar, y accedió a ir al hospital de una localidad cercana, donde la médico de urgencias, después de palparle el estómago... ¡le mandó omeprazol! Y para casa... Aunque esta vez se lo estuvo tomando, la situación iba a peor, y a la semana volvimos a urgencias.

Cuando el siguiente médico que le atendió escuchó los síntomas que tenía, me hizo un gesto que no me gustó. Y al palparle volvió a mirarme con preocupación... Le hicieron una ecografía de urgencia y ahí estaba: un cáncer de páncreas en estadio III. Al salir de la consulta, él me miró y me dijo: "Adiós a Paris". Era el 19 de agosto de 2008.

Le ingresaron para hacerle más pruebas, y ver las alternativas o los posibles tratamientos. Estuvo solamente tres días en el hospital, pues los médicos nos dijeron que no tenía solución. Estaba muy avanzado y había tumores en el sistema linfático. Ni una operación ni la quimioterapia harían nada, aunque los médicos, que nunca pierden la esperanza, le propusieron darle unas sesiones por si funcionaba. Pero Paris no quiso. En ese momento me enfurecí, ya que sentía que tenía agotar todas las posibilidades, que tenía que luchar, pero él había tirado la toalla. Yo, no.

El mismo día que volvíamos del hospital, me llamó el casero diciendo que quería que nos fuéramos de la casa. En el invierno, con las lluvias, se había roto el tejado y una de las habitaciones estaba inhabitable. No podía arreglarla en ese momento, y su decisión fue echarnos. Fue una situación muy dura, pues me vi en la calle, con una niña de 4 años, y una pareja con cáncer. Pero tenía que ser así.

Fuimos nuevamente con mis padres unos días, hasta que mi tía Julia nos consiguió una bonita casa con patio en el mismo pueblo. Mi hermano, uno de mis primos y muchísimos amigos y amigas vinieron a ayudarnos con la mudanza, que hicimos en unas horas. En la empresa me dieron la baja, y una vez instalados, me puse manos a la obra. Objetivo: salvar a Paris.

Busqué por Internet todo tipo de terapias alternativas, que fuimos probando: una máquina que se llamaba «papimi» y que, según decían, neutralizaba a las células cancerígenas; homeopatía, plantas, medicina ayurveda, imanes... Todo lo que encontraba era un potencial salvador del cáncer, aunque la realidad era que el deterioro de Paris se notaba día a día. Por esta razón, en septiembre su hija mayor vino a visitarle y, unas semanas más tarde, vinieron también sus dos hijos menores.

En ese tiempo, llegaron los papeles traducidos para la boda, pero en mi mente ahora solamente estaba el que Paris se pusiera bien, así que los aparqué.

Pasaba los días sin salir, cuidando de Paris y de Ananda que, con sus 4 añitos, ajena a lo que sucedía, seguía pidiéndome jugar con las barbies. No era fácil compaginar las dos tareas. Cuando estaba con ella, simulaba que todo iba bien. Sonreía y me distraía con las muñecas, pero en el otro lado de la casa tenía a una persona sufriendo, y no podía hacer nada por él, más que acompañarle y cuidarle.

Un día, en la cocina, cogí a Ananda en brazos y le dije: "Cariño, papá se va a morir". Ella me miró e hizo: "¡Oh!". Y siguió jugando. Seguramente no sabía realmente lo que significaba la muerte, aunque había visto marcharse hacía unos meses a un perro de mis padres.

A principios de octubre, un equipo de doctoras de cuidados paliativos comenzó a acudir a casa dos veces a la semana para ver a Paris. Eran muy amables y respetuosas, y en todo momento dejaron que fuera él quien tomara las decisiones. Carmen y su equipo nos trataron como si fuéramos su familia. Me sentí cuidada y querida por ellas, y creo que Paris también.

Paralelamente, yo seguía con mi medicina alternativa, con listados enormes con las horas, las dosis y las pastillas o bolitas de homeopatía que tenía que tomarse, dispuesta a combatir a ese cáncer que, por el aspecto de Paris, iba avanzando a pasos agigantados.

Paris y yo en Almería

En el puente del Pilar fuimos a la playa para que Paris cambiara un poco de entorno. Jaime, mi amor de juventud, nos dejó una bonita casa que tenía en Cabo de Gata, Almería. Viajamos en la nueva furgoneta que habíamos comprado hacía poco tiempo. Allí visitamos alguna playa, y Paris pudo despedirse del mar. No nos quedamos mucho tiempo, ya que a los dos días de llegar se empezó a encontrar muy mal, y tuvimos que volvernos. De camino buscamos un hospital donde le pincharan morfina para poder resistir el viaje.

A finales de octubre sus padres, dos personas ya muy mayores e incapacitadas, se vinieron a España para estar con él. Su padre se resistía a viajar, pues decía que no podía andar y que no tenía dinero, pero Paris le pidió que fuera a despedirse de él y, aunque nunca habían tenido una buena relación, accedió a venir. Manolis se marchó unos días más tarde, pero su madre se quedó a su lado. Así que ahora no solo tenía que cuidar de Ananda y de Paris, sino de mi suegra, que con su buena intención no hacía más que empeorar la situación, pues estaba muy sorda, vivía en su mundo, y su mayor preocupación era que Paris comiera. Él se desesperaba, pues le quitaba las pocas fuerzas que le quedaban. Muchas veces, en un susurro me decía: "Llévatela de aquí, por favor".

La situación en casa era muy caótica, y no quería que Ananda viviera aquello. Así que, finalmente, no me quedó más opción que llevarla al colegio. Ella se puso contenta, pero a mí, ese día en que la dejé en la puerta, se me caían las lágrimas de dolor. Mis ideales se derrumbaron, y tuve que hacer un gran trabajo para aceptar la situación sabiendo que, en aquel momento, era lo mejor para mi hija, y la única alternativa que tenía.

El cáncer se comía a Paris, rápidamente. Ya en Almería empezó a tener la tez amarilla, y en poco tiempo su color había cambiado completamente. Parece mentira a dónde puede llegar el ser humano y el afán de supervivencia que tenemos, pues, aun viéndole así, yo seguía buscando remedios. Hasta que, un día, la médico de paliativos me llamó aparte y me dijo: "Cristina, no hay nada que hacer, suelta ya. Si Paris sigue aquí, es porque no le dejas ir".

Y entendí que tenía razón... Así que, llena de dolor, cambié la estrategia, y me propuse ayudarle a morir en paz.

Una amiga del pueblo, Carmen, me había traído hacía tiempo *El Libro Tibetano De La Vida Y La Muerte* de un maestro tibetano llamado Sogyal Rinpoché. Yo había intentado leer antes *El Libro Tibetano De Los Muertos* sin éxito, pues no entendía nada de lo que decía, y asumí que este sería lo mismo. Así que lo dejé aparcado. Pero al entrar después de hablar con la doctora y verlo en la estantería lo cogí, y cuando empecé a leerlo, supe que nos ayudaría.

Hablé en ese momento con Paris, y le dije que se tenía que marchar, y que yo le ayudaría a hacer el tránsito en paz. Eso le reconfortó mucho, y a partir de entonces pasábamos horas relajados y, mientras él estaba sentado mirando al horizonte, yo le leía el libro y le hacía comentarios. Él me escuchaba en silencio, y cuando paraba, me pedía con gestos que siguiera leyendo. Siempre le decía que no tuviera miedo, que la muerte era solo un viaje de ida a un lugar desconocido, pero maravilloso, en el que iba a estar muy bien. Fueron días de compartir desde el amor más profundo que se puede sentir, el amor incondicional, pues solté el apego a Paris, y, poco a poco, le dejé ir.

Unos días antes de morir, llamó a su exmujer para despedirse. Su relación era cordial, aunque distante, y en esa llamada ella le confesó que tenía una nueva pareja desde hacía años con la que había tenido una hija que nació ¿casualmente? el mismo día que Ananda, pero un año después. No se lo había contado antes, pues no sabía cómo iba a reaccionar, y los hijos de Paris también le habían guardado el secreto. Él se alegró, y en un susurro le dijo adiós a Katerina, la madre de sus 3 hijos y su mujer durante 5 años de su vida.

Un día, para mi sorpresa (pues no era una persona especialmente religiosa), me pidió que llamara a un cura que le diera la extremaunción. Me puse en contacto con la iglesia ortodoxa de Madrid y el padre, muy amable, vino a casa con su esposa. Después de estar un rato en la habitación con Paris (que ya no podía levantarse), este me llamó a su lado y me hizo una confesión que, sin duda, le estaba haciendo daño y no le dejaba marcharse en paz. Entre susurros me dijo que me había sido infiel con una turista en Atenas el verano anterior, y me pidió que le perdonara. Por supuesto que lo hice, pues sabía que me amaba, aunque hubiera tenido un pequeño lío que no llegó a nada. En ese momento, ¿qué otra cosa podía hacer? Perdonar. Le dije que quería que nos casáramos ya. Él dijo que no, pero no le hice caso y llamé al ayuntamiento para que viniera el juez de paz. Estaba fuera de viaje, y al ser un matrimonio in articulo mortis, solamente él podía oficiarlo. Volvía en un par de días, así que dejé todos los papeles preparados para que, cuando llegara, solo tuviéramos que firmarlos.

Llamé a sus hijos a principios de noviembre y les avisé de que Paris se marchaba. Ioanna, la mayor, cogió un vuelo y se vino de nuevo a casa. En ese momento, los dos menores no pudieron venir.

Las médicos de cuidados paliativos habían inducido a Paris una especie de coma para que no sufriera, pero al llegar a casa y verle así, Ioanna me pidió que le hiciéramos «volver». Y así lo hicimos. Recuperó levemente la consciencia, y pudo hablar con su hija.

El día 6 de noviembre, Ananda se despidió de su padre. Nos hicimos una última foto los 3 juntos. Obviamente, ella no sabía lo que significaba ese momento, pero para mí fue uno de los más duros de mi vida. Ya no había vuelta atrás. Ananda estaba viviendo en casa de mis padres, y por las noches mi hermano, que siempre ha estado a mi lado en los momentos difíciles, se quedaba conmigo para no dejarme sola, aunque también estaban allí mi suegra y la hija de Paris. Ese mismo día la sonda de Paris no se llenó: el riñón había dejado de funcionar, señal de que el final estaba cercano.

Por la noche me tumbé con él, y con las manos unidas nos dormimos. Su hija estaba al otro lado de la cama. A las 4:45 de la madrugada me sobresalté, pues creía que se me había pasado la hora de la morfina. Abrí los ojos, y vi que Paris tenía un gesto de paz en el rostro… Le solté las manos y le toqué el corazón, que ya no latía… y desperté a Ioanna: Paris se había marchado tranquilo, durmiendo, rodeado de personas que le amaban. Era el 7 de noviembre de 2008. El final.

Capítulo Trece

Un Tiempo De Soledad

Avisé a mi hermano, que estaba en el salón, y con delicadeza despertamos a su madre, que se puso a llorar y gritar de agonía. Mi padre bajó inmediatamente desde su casa. Llamamos al médico de urgencias para que viniera a certificar el fallecimiento, y cuando vio la dosis de morfina que estaba usando me dijo: "Ha debido de sufrir micho". Dicen que el cáncer de páncreas es uno de los más dolorosos, y él lo pasó con mucha dignidad y valentía. Aún le admiro por el modo en que supo afrontar la enfermedad y la muerte. Sin duda, un ejemplo para mí.

No todo el mundo sabe afrontar la muerte. Hay personas que, con el simple hecho de escuchar la palabra, tiemblan, y se niegan a aceptar que ellos también morirán. Uno no puede adivinar cómo se enfrentará a ese momento hasta que llegue. Podemos especular, creer que lo haremos bien, o no, pero en el instante en que suceda, ¿cómo estará nuestra mente? Para mí morir no es un final, sino un tránsito, un nuevo viaje para el alma, que transmuta y se reencarna en otra energía. Aun así, no sé cómo afrontaré mi momento final. Solo sé que vivir la muerte de Paris, acompañarle hasta el último aliento, fue uno de los regalos más bellos que me hizo la vida.

Voy a obviar los detalles más «negros» de esos momentos, pero cabe decir que, aunque yo quise velarle en casa, al final le llevamos al tanatorio. Pasamos el resto de la noche allí. Salí a la calle a tomar un poco de aire, y al ver el amanecer pensé: *"El sol sigue saliendo para mí, así que tengo que seguir viviendo"*. El dolor que sentía era enorme, pero entendí que aún tenía mi vida por delante.

El día fue intenso. Muchísima gente se acercó para acompañarme y yo, que me había quedado sin boda por unas pocas horas (pues el oficiante llegaba ese mismo 7 de noviembre), sentí que aquello era, de algún modo, una celebración: cientos de personas que hacía tiempo que no se veían se reunían y se ponían al día sobre sus vidas, sus hazañas. Familiares, amigos, conocidos... todos alrededor nuestro.

Cuando Ananda salió del colegio, mi madre la acercó al tanatorio. Yo no quise que entrara en la sala, pero salí y me di un paseo con ella. Le dije que papá se había marchado y que ya no le íbamos a ver más, y ella me miró e hizo: "¡Ah!". Solamente. Tenía 4 años y medio.

Pedí la cremación del cuerpo, pues ya lo había hablado algunas veces con Paris y era lo que quería, aunque en su religión, la ortodoxa, está prohibido incinerarse. A su madre no le gustó la idea, pero su hija y yo insistimos en que había que respetar sus deseos. Y decidí que iría a echar las cenizas a Evia, al lugar donde comencé mi relación con él, y donde había vivido anteriormente con su mujer y sus hijos. Mis padres y mi hermano se ofrecieron a acompañarme, y unos días más tarde nos fuimos todos (mis padres, mi hermano, mi suegra, Ioanna, la hija de Paris, Ananda y yo) con la urna a Atenas. En estos momentos tan duros, agradecí enormemente tener a mi familia a mi lado, pues fueron mi sostén para soportar aquellos días tan difíciles.

El día 9 de noviembre, nos reunimos en casa de mi suegra con Caroline y su hija (nuestras amigas de Creta), la exmujer de Paris con su hija y los tres hijos mayores, nuestra amiga Elena y algunos familiares y amigos, y juntos nos fuimos hacia Evia.

Tengo que admitir que, si bien he trabajado el tema de la muerte y gracias a mis creencias en el karma, como ya he dicho, la acepto como un tránsito más del alma, el soltar las cenizas de la persona que había amado en el mar fue lo más duro de todo el proceso hasta el momento. Era como decir adiós definitivo a todo lo que había sido Paris para mí: mi amigo, mi pareja, el padre de mi hija, mi amor. Pero con mucho dolor, solté. Depositamos las cenizas en frente de la casa donde había comenzado nuestra relación, en ese mismo lugar en el que Paris se bañaba todas las mañanas antes de ir a pintar a la Iglesia. Su mar. Su hija mayor rellenó la urna con agua del mar y me quedé con ella, aunque no sabía muy bien para qué. Supongo que era otra forma de apego pero, en aquel entonces, la necesitaba a mi lado. Fue un momento muy emotivo. Un tiempo más tarde, cuando se cumplían 7 años de la muerte de Paris, Ananda y yo dejamos la urna en el Ganges (el río sagrado de India) junto con unas flores, a modo de despedida.

Después del ritual de las cenizas, invité a todos a merendar en una taberna, y por la tarde nos fuimos a la iglesia que pintó Paris: la de las 300 flores. Allí nos estaba esperando el Padre (con el que había hablado previamente), para oficiar un pequeño responso. Aquel también fue un momento muy emotivo, pues su energía estaba impregnada en esas paredes llenas de iconos ... y todos lo sentíamos así. Volver a aquellos lugares tan especiales, donde todo había comenzado entre nosotros, supuso un duro trabajo. Miles de recuerdos se agolpaban en mi mente: momentos vividos entre aquellos muros sagrados, en las escaleras de la iglesia, en los caminos. Había estado con Paris seis años y dos meses.

Depositando las cenizas de Paris en Evia, Grecia

Al regresar a España aún me dejaron unos días de baja para descansar, pues, aunque fui muy consciente en todo momento de lo que estaba pasando, es cierto que los últimos meses habían sido muy duros, y estaba agotada.

Nuria vino con sus hijos y su pareja a compartir unos días con nosotras. Hacía tiempo que no nos veíamos, pues se había trasladado a vivir a Levante, y ya apenas pasaba

204

por Madrid. Pero quiso estar a mi lado en un momento tan difícil, y lo agradecí. Esa fue la última vez que vi a Leila y Altair. Ahora ya son dos adultos maravillosos, a los que cada año por sus cumpleaños mando mensajes, pues, a pesar del tiempo, el amor perdura.

En esos días, experimenté que otro de los momentos más difíciles cuando perdemos a alguien es despojarse de sus pertenencias, de aquello que fue. Junto con mi madre hicimos la limpieza, tirando recuerdos y guardando pequeños objetos. Y así, poco a poco, mi vida volvió a una rutina nueva: la de madre soltera.

Mi madre fue de una ayuda inestimable en aquella época. Bajaba todas las mañanas a despertar a Ananda, darle el desayuno y llevarle al colegio. Después la recogía y me esperaban a que llegara de trabajar para comer. Las tardes las pasaba con mi hija, saliendo al parque o jugando en casa.

Es curioso cómo la mente se protege del sufrimiento. Si pienso en aquellos primeros días, diría que no lo pasé tan mal; pero al leer de nuevo mis diarios veo que fue una etapa muy dura. Por mucho que aceptemos la muerte, es indudable que el vacío que deja una persona amada cuando se marcha es difícil de llenar, sobre todo al principio. Por suerte tenía a Ananda, que me ayudaba a distraerme y me mantenía ocupada, y mi trabajo, al que estaba totalmente entregada. Pero los 45 minutos del trayecto hasta llegar a la oficina, tanto a la ida como a la vuelta, me los pasaba llorando. Pensaba en lo cruda que es la vida a veces: en esas fechas, en noviembre, tenía que haber llegado mi bebé. Hubiéramos sido una familia de 4, y, sin embargo, en menos de un año solamente quedábamos 2. He de confesar que para mí hubiera sido mucho más duro pasar todo aquello con un recién nacido (por eso le di las Gracias). Una vez más, los planes de la vida jugaban a mi favor.

Después de morir Paris, seguí leyendo *El Libro Tibetano De La Vida Y La Muerte*, que me reconfortaba mucho, pues daba respuesta a muchas preguntas espirituales que me había planteado a lo largo de los años. Así que busqué información en Internet y vi que tenían un centro de meditación en Madrid. Se llamaba RIGPA, y era de alumnos de Sogyal Rinpoché. Llamé para preguntar, y me invitaron a asistir a una sesión. Cuando escuché las enseñanzas de Rinpoché sentí que ese era el camino que tenía que seguir.

Había leído bastante sobre religiones, budismo, hinduismo… Había investigado acerca de la vida de Jesús, pues después de estar «enfadada» con él tras salir del colegio de monjas, me reconcilié y le adopté como maestro espiritual. Pero de todo lo que conocía, sin duda el budismo era con lo que más conectaba. Me gustaba su filosofía, sus creencias y principios, las enseñanzas de Buda. Por consiguiente, al llegar a RIGPA, me sentí muy identificada con lo que escuché, y comencé a asistir una vez por semana. Hacíamos sesiones de noventa minutos en las que escuchábamos enseñanzas de Rinpoché y meditábamos. Fue entonces cuando le encontré, por fin, el sentido a meditar, y comencé a hacer práctica en mi casa todos los días. Me levantaba una hora y media antes de irme a trabajar, hacía algo de yoga y terminaba con una sesión de meditación. Además, me compré varios CD con las enseñanzas de Rinpoché, y las escuchaba siempre de camino al trabajo. De esta forma el duelo fue más provechoso, pues el dolor que sentía lo canalizaba, y lo aceptaba de otra manera.

En Semana Santa, nos fuimos Ananda y yo a Atenas y Creta a ver a la familia. Era la primera vez que estaba en Grecia sin Paris, y fue muy duro volver a todos aquellos lugares en los que habíamos vivido juntos, esta vez sin él. Pero tenía la subvención de los jóvenes agricultores y había que hacer algo al respecto. Fui al Ministerio de Agricultura y escribí una carta exponiendo lo sucedido, y pidiendo dejar el programa, pues no podía vivir yo sola en Creta con mi hija y dedicarme al campo. Sin embargo, nunca me respondieron, así que estuve 8 años más encargada de los terrenos de Voliones.

Al volver a España nos llevamos a Michi, la perrita de Paris, que llevaba desde el 2006 viviendo con mi suegra. Ella ya no podía atenderla, y para mí tenerla era como mantener un poco de Paris conmigo. Me dirigía a la perrita en griego, pues era el idioma que entendía. También dedicaba tiempo a enseñar a Ananda el idioma de su padre, a través de juegos, fichas, o vídeos. De este modo, conseguí que no lo olvidara, y mantuviera su bilingüismo.

En ese verano del 2009, me fui con mi hija a un retiro de Rigpa, a su centro de Francia. Para pagar algo menos, estuve haciendo voluntariado con los niños, y en los ratos libres asistía a las enseñanzas. Me ayudaban tanto que seguí involucrada durante varios años. Incluso hice cursos de facilitadora, y me planteé ser instructora, pero nunca llegué a ello. En los años sucesivos, asistimos a otros dos retiros en España.

A principios del año 2011 vino Ana Ferrer, la viuda de Vicente Ferrer (él ya había fallecido) a Madrid, y acudí a su conferencia. Al finalizar, me acerqué a ella y le hablé de mi pasado con la Fundación, y de mi interés en unirme a su proyecto. Le conté que tenía experiencia en salud mental, pero también que tenía una niña de 7 años a la que llevaría conmigo. Me dijo que esto último no sería fácil por la infraestructura del país y las condiciones de trabajo en Anantapur pero, aun así, me dio su correo electrónico para que le escribiera y ver qué podíamos hacer. Le escribí un par de veces, pero los emails parecían no llegarle. Cuando finalmente al cabo de un tiempo respondió a uno de ellos, ya estaba planeando mi viaje a India, con lo que una vez más mi colaboración con la Fundación se quedó en el aire.

Quizá este fue el periodo más estable de mi vida hasta el momento. Durante tres años me dediqué a trabajar, a cuidar de mi hija, a hacer mis prácticas de meditación y yoga, y a asistir a Rigpa. Estuve dando clases extraescolares de inglés a algunas niñas del pueblo. Viajábamos a Grecia todos los años para ver a la familia y amigos. Me gustaba mi vida, y estaba, en general, en paz.

Después de la pérdida de Paris había decidido que, por un tiempo, no quería tener más relaciones sentimentales, pues, de un modo u otro, siempre me habían traído sufrimiento, y ya estaba cansada de sufrir por amor. Deseaba dedicarme a mi hija y al trabajo social. Solo había una cosa que, de cuando en cuando, me quitaba mi paz, y era pensar en India. Todos los meses durante esos tres años sin Paris la tenía en la mente y sentía que, en algún momento, quería marcharme pero, ¿a qué? No conocía a nadie allí ni tenía nada que hacer. Mi sueño era irme con Ananda y montar mi propio proyecto en el país. Pero el sueño nunca llegaba, y los años iban pasando. Aun así, no tenía prisa, pero sí esperanza…

Capítulo Catorce

Mi Primer Contacto Con India

En el verano de 2011 Rigpa España ofertó a los estudiantes de Rinpoché un viaje a India. Aunque era muy caro para mí, sentí que, por fin, había llegado el momento adecuado para conocer el país, pues no iría sola por primera vez, ni tampoco haría turismo: era un peregrinaje por las ciudades en que había vivido Buda... ¡Mi viaje, sin duda! Visitaría los lugares sagrados budistas junto con compañeros de la sangha (congregación de practicantes dentro del budismo y el hinduismo). Llevaba ya tiempo en el grupo, y había hecho buenas amigas, algunas de las cuales también se apuntaron a venir. Los meses se hicieron eternos hasta que llegó ese 5 de noviembre. Era la primera vez que me gastaba tanto dinero en mí misma, y la primera vez también que me iba a separar tanto tiempo de Ananda, pero sentía que tenía que hacerlo. La niña y Michi se quedaron con mis padres, y yo volé hacia mi destino.

Ya en el avión tuve una placentera sensación de estar llegando a casa, pues desde pequeña, en mi mente no había dejado de estar India. Era para mí, se podría decir, como una necesidad. De hecho, durante muchos años, el mapa de aquel país y una foto de Gandhi siempre habían ocupado algún rincón de mis distintas casas. Así que, al llegar al aeropuerto de Delhi, casi se me saltaron las lágrimas... ¡Al fin, después de más de 25 años... estaba allí!

Fue un viaje de lujo. Nos alojábamos en hoteles caros, teníamos un autobús para llevarnos a los lugares de peregrinación, y un acompañante/guía del lugar. En un principio yo pensaba que iba a ser un viaje más de aventura, cogiendo trenes y buses locales, pero ahora entiendo por qué fue así.

Tras dormir una noche en la capital, al día siguiente, algunos de nosotros nos fuimos en tren a visitar el Taj Mahal. No estaba incluido en el viaje, pero ir a India y no visitar el Taj Mahal para mí no era una opción. Y no me defraudó: aunque lo hayas visto en los libros o en los documentales, estar allí es otra cosa, y ese edificio enorme de mármol blanco conmueve a quien lo contempla. Nunca hubiera imaginado que aquella iba a ser la primera de innumerables veces que tendría el privilegio de estar ante ese mausoleo dedicado al amor de Shah Jahan por su esposa Mumtaz.

Al día siguiente tomamos un tren a Kanpur, una ciudad en el norte del país. Allí, en la estación, nos esperaba nuestro acompañante local. Cuando nos bajamos del tren, comenzó a caminar muy rápido por la estación, y mientras todo el grupo le seguía con las maletas, asustados por lo que veían a su alrededor, me dije: "No pienso correr detrás de esta persona". Así que llegué al bus la última, relajada, pues me sentía como en casa y no tenía miedo de nada.

El impacto para un occidental al llegar por primera vez a India es duro. Es un país tan diferente a todo lo que conocemos, que no nos deja indiferentes. Ya a la salida del aeropuerto, con tanta gente, la humedad, el calor, muchas personas se preguntan: "Pero, ¿dónde he venido?". Sin embargo, si nos damos tiempo, entenderemos que es el país de los contrastes, un lugar que, según se dice, «o lo amas o lo odias». En mi caso, la decisión estaba tomada desde hacía mucho.

Mi primera vez en el Taj Mahal, India

Una vez en el bus, nuestro acompañante se presentó; se llamaba Ravi, e iba a estar con nosotros durante los 15 días. Las mujeres hicieron comentarios sobre su físico (que si parece un actor de cine, que si iba muy bien peinado), mientras yo, en silencio, agradecía a Paris la oportunidad de estar allí, pues si él no hubiera muerto, igual yo no estaría en ese momento cumpliendo mi sueño. Ese día era, justamente, el 7 de noviembre: hacía 3 años de su partida.

La primera parada de la peregrinación fue Sankashia, el lugar en el que Buda ascendió a los cielos para visitar a su madre, que había muerto una semana después de dar a luz. Las distancias eran enormes, pero me encantaba ir viendo desde el bus la vida rural de India: la tranquilidad de la gente, los campos verdes, los pavos reales... Y aunque todo era nuevo para mí, nada me sorprendía; era como si lo conociera, y me sentía muy a gusto.

De allí fuimos a Sravasti, el lugar en el que Buda había pasado varias estaciones de lluvia. En la antigua India, los monjes peregrinaban constantemente a lo largo del año. Solo podían quedarse unos días en el mismo sitio, menos en la estación de las lluvias, en las que les estaba permitido parar algunos meses. Para mí era como un sueño hecho realidad. En ese parque se encontraba el árbol *bodhi* (una especie autóctona de ese país) de Ananda. Como ya expliqué anteriormente, él era el primo hermano de Buda y su discípulo más cercano. Gracias a Ananda se conoce el budismo, ya que en vida de Buda no se escribieron sus enseñanzas, y fue después de su paranirvana (ascenso a los cielos de las personas Iluminadas) cuando él, que tenía una memoria privilegiada, recitó todos los sutras o enseñanzas para que otros discípulos los pusieran por escrito. La felicidad de estar ahí era inmensa. Le comenté a Ravi que mi hija se llamaba Ananda y se sorprendió, pues allí es un nombre masculino. Aunque yo lo sabía, no me había importado cuando decidí ponérselo a la niña, pues la sonoridad y el significado me cautivaron.

De allí fuimos a Lumbini, actualmente perteneciente a Nepal, lugar en el que nació Siddhartha Gautama (el Buda). Según las escrituras del budismo, su padre era un rey que se casó con una princesa de un reino que se encontraba en el actual Nepal. Por aquella época, cuando una mujer iba a dar a luz, se trasladaba a la casa paterna para estar con su madre durante este momento. La reina Maya iba de camino a Devadaha, su ciudad natal, cuando empezaron los dolores del parto. El séquito paró, y allí en Lumbini, a orillas de un lago, Maya dio a luz a Siddhartha, bajo la luna llena del mes de mayo del año 564 a.c.

La siguiente parada fue Kushinaghar, el lugar en el que Buda dejó su cuerpo físico. Allí hay un templo muy bonito con una enorme figura de él tumbado que me emocionó también. Tenía unos 80 años cuando falleció, y dicen que el motivo de su muerte fue una comida en mal estado. El punto de peregrinación estaba repleto de seguidores del budismo de todas las partes de Asia: Tailandia, Sri Lanka, Vietnam... Cada peregrino iba vestido con una indumentaria de acuerdo con la rama del budismo que practicaba, así que el colorido del lugar, junto al olor a incienso y los cantos devocionales, era, sin duda, conmovedor.

Después visitamos Vaishali, el lugar en el que Buda pasó sus últimos cinco años de vida durante las estaciones de lluvia.

Fuimos luego a las ruinas de la Universidad de Nalanda, que había sido la universidad de estudios budistas más grande de Asia en el s. IX, y que fue destruida por un gran incendio, y después al Pico del Buitre, donde Buda dio varias enseñanzas, entre ellas el famoso Sutra del Corazón (Prajnaparamita). El Pico del Buitre se llama así por la forma que tiene una de las rocas del lugar. Situado sobre una colina, el camino de subida está lleno de cuevas donde vivían los monjes. Las vistas al valle desde la cima son espectaculares. Allí, en lo alto, hay un altar en el que los peregrinos encienden velas. Mis compañeros de viaje y yo nos sentamos a su alrededor, y recitamos uno de los sutras (enseñanzas) más importantes del budismo tibetano en el mismo sitio en el que Buda lo había hecho muchísimos años atrás.

Finalmente llegamos a Bodhgaya, uno de los lugares más sagrados del budismo. Allí está el lugar en el que Buda, tras muchos años de práctica espiritual, y muchos esfuerzos ascéticos, alcanzó la Iluminación. La Iluminación se puede describir como un estado de paz interior permanente, un estado en el que se alcanza la sabiduría última y se trasciende la mente. En ese momento deja de existir la dualidad, y se entiende el mundo desde otra perspectiva. Buda no fue la primera persona en iluminarse. Su importancia radica en que, habiendo nacido como un príncipe hindú, tomó otro camino diferente al que se esperaba de él, y se salió de los cánones establecidos por el hinduismo hasta entonces, creando una nueva escuela de filosofía, que es conocida mundialmente como budismo.

Para mí poder meditar debajo del árbol Boddhi, o árbol de la Iluminación, era un sueño hecho realidad. El lugar es mágico, y es, sin duda, uno de mis predilectos de India.

A toda esta felicidad se unió que esos días, mientras estaba de viaje, mi hermano y su pareja tuvieron su primer hijo. Cuando llegué a España y conocí al bebé, me sentí extrañamente unida a él… Y es que el amor hacia un hermano se hace extensible a los sobrinos de una manera bella y natural. Y aunque mi relación con Javi no había sido muy cercana en el espacio, pues me había marchado de casa cuando él tenía 14 años, perdiéndome muchos momentos de su vida, nos queríamos (y nos queremos) mucho, y siempre ha estado muy presente para mí. Así que verle con sus 33 años siendo papá y formando su propia familia me llenó de felicidad, a la vez que me hizo sentir extraña: mi pequeño Javi (¡de 1,95 m!) se había hecho mayor, y yo apenas me había dado cuenta.

Volviendo a India: hicimos muchos kilómetros tan solo en 6 días. Pasábamos a veces más de 10 horas en el autobús, transitando carreteras locales, y pasando por sitios que no eran especialmente turísticos. Llegábamos al lugar de la visita, nos bajábamos, dábamos unas vueltas a las estupas (monumentos conmemorativos budistas), y continuábamos el trayecto. Así que estábamos todos muy cansados, y aunque éramos compañeros del dharma (meditación y camino espiritual), el ambiente empezó a tensarse. Se hicieron grupos de «rebeldía», pues la instructora responsable del viaje se estresaba a menudo al no poder controlar algunas situaciones. Pero en India las cosas no se pueden controlar, de modo que comenzó a discutir con Ravi, quien a veces hacía cambios de planes sin consultar, pues las circunstancias así lo exigían. Además, ella no entendía demasiado bien el inglés de Ravi y, en ocasiones, no traducía correctamente lo que él decía... Así que, sin saber exactamente cómo, un bando se puso a favor de Ravi y el otro a favor de la instructora. No me gustaba el ambiente, pues para mí era un momento muy especial y soñado, y no quería verme envuelta en situaciones tensas. Sin embargo, finalmente, fue lo que ocurrió.

En Lumbini, después de la visita al templo principal, ella me acusó de estar formando «una revolución» junto con Ravi. Nada más lejos de la realidad, pues apenas hablaba con él, al que solamente escuchaba con atención porque, a diferencia de casi todo el resto del grupo, comprendía perfectamente su inglés. Traté de explicar que no estaba en ningún bando, pero las cosas se habían puesto tensas, y no había lugar para el entendimiento.

Después del incidente de Lumbini, se decidió que fuera la traductora de Ravi, y así lo hice.

Como he dicho antes, tras la muerte de Paris no tenía ninguna intención de enamorarme. Pero aunque queramos controlar el amor, no se puede. Y después del incidente de Lumbini, según pasaban los días en aquel autobús, me fui enamorando locamente de Ravi. Y digo locamente, pues era una locura de amor: yo era una madre soltera con una niña de 7 años, y él era un hombre casado con tres hijas. Vivíamos a miles de kilómetros de distancia y cada uno tenía su vida formada. No había ningún futuro.

Solamente Silvia, mi amiga y compañera de habitación, se enteró de lo que me estaba sucediendo, pues apenas podía dormir por las noches con aquel sentimiento que me invadía. Sentía, en el fondo de mi corazón, que había encontrado a la persona que llevaba buscando toda mi vida. Me di cuenta de que era él, y aunque nuestro amor era imposible, me consolaba el hecho de pensar que, aunque nunca fuéramos a estar juntos, Ravi existía.

El día que llegamos a Bodhgaya, Ravi cenó con nosotros. Era tarde y yo había quedado en llamar a Ananda, así que le dije que quería ir al pueblo a usar el teléfono y él se prestó a acompañarme, pues tenía que recargar su móvil. Al llegar al locutorio, no funcionaba, de modo que Ravi me ofreció su teléfono. Estábamos en frente del templo de Maha Bodhi y había luna llena. Después de hablar con Ananda le devolví el móvil y me dijo: "Ahora tengo tu número". Yo le comenté que no era ese, ya que mi hija estaba en casa de mi amiga Gema, pero que se lo pasaría en un SMS para mantenernos en contacto. Aquel día entendí que, aunque me pareciera un sueño y una locura, Ravi estaba también interesado por mí. ¡Y era 13 de noviembre, la misma fecha en la que tenía que haberme casado con Jaime, allá por el año 2000, y la misma fecha en la que, en ese mismo año, besé a Paris por primera vez en Creta!

Al día siguiente fuimos a visitar el templo, y en un momento concreto Ravi me llamó Katerina. ¿Katerina? No es un nombre común... ¡Y era el de la exmujer de Paris! Aquello me sorprendió...

Por la tarde, algunos de nosotros quisimos ir con Ravi a la cueva de Mahakala, el lugar en el que Buda había estado meditando varios años antes de la Iluminación, un sitio lleno de energía y belleza, a unos kilómetros de Bodhgaya. Durante el trayecto en coche, yo moría por tocarle la piel, aunque nada sucedió.

Otros compañeros de viaje que habían notado mi interés por Ravi comenzaron a bromear, pero yo no me sentía a gusto con aquellas bromas, pues mi amor por ese hombre no era un juego, y lo sabía.

Fuimos de Bodhgaya a Varanasi, última parada del viaje. Varanasi (o Benarés) es una de las ciudades más importantes de India, y un lugar de peregrinaje para los hindúes. Es la ciudad del dios Shiva, bañada por el Ganges, y famosa por sus cremaciones a orillas del río. Después de dejar las maletas en el hotel, visitamos el *ghat* principal (los *ghats* son las escaleras que se construyen en las márgenes de los ríos, y que permiten acercarse al agua para hacer rituales) a ver la ceremonia de Arti, un acto religioso de devoción al Ganges y al Shiva, que se celebra todos los días en la ciudad y es una fuente de atracción turística. Había que ir en rickshaw (una bicicleta con dos asientos conducida por una persona), pues el bus no podía entrar hasta el lugar donde se celebraba el ritual, así que nuestra instructora dispuso las parejas para compartir transporte, y a mí me tocó con Ravi.

Durante el trayecto él se me declaró (me voy a reservar el modo para nosotros dos) de la manera más bella que lo han hecho nunca. ¿A dónde iba a ir ese amor que había nacido de un modo tan intenso? Era mi penúltimo día en India.

A la mañana siguiente visitamos Sarnath, lugar en el que Buda dio su primera enseñanza tras la Iluminación, a unos pocos kilómetros de Varanasi. Después de la visita teníamos tiempo libre. Algunas personas del grupo me pidieron que le dijera a Ravi que nos llevara a ver algo no turístico, pero él me comentó que quería pasar esa tarde solo conmigo. Yo también tenía ganas de estar con él, así que se lo dije al grupo, y me fui en moto con Ravi por la ciudad. Parecía que lleváramos toda la vida juntos. Cuando le hablaba de Ananda, él me respondía como si ya la conociera… Todo era mágico… y extraño.

Fuimos a comer, y después me llevó a una tienda para comprar regalos. Y en un momento en que nos quedamos solos en la trastienda… me besó. Me besó temblando, y yo me sentí plenamente amada. Era tarde, así que me llevó de regreso al hotel y quedamos en vernos a la mañana siguiente para despedirnos.

Pero las cosas no son siempre como se planean, y esa noche Silvia se puso muy enferma. Apenas podía respirar y estaba muy asustada. Cuando la instructora se enteró, no le dio mucha importancia, pero yo veía como se encontraba, y no podía dejarla sola. Ravi vino a buscarme temprano, y al ver la situación llamamos a un médico, que la visitó y le dio medicación. Nos quedamos con ella toda la mañana acompañándola en la habitación. Eran las últimas horas que iba a compartir con él, y a pesar de que traté de mantener la mente en el momento presente, el pensar que no le volvería a ver me llenaba el corazón de tristeza. Había encontrado a una persona especial, y ahora tenía que soltarla de nuevo.

Por la tarde salía nuestro tren hacia Delhi. Le pedí a Ravi que viniera a la estación para despedirse, pero debido a las tensiones en el grupo, decidió no hacerlo. Le dije adiós en el hotel, envuelta en lágrimas. Silvia y otros compañeros trataron de consolarme aunque, en realidad, nadie entendía que aquello que sentía pudiera ser tan intenso.

La noche en el tren fue espantosa. No podía dejar de llorar por separarme de aquel hombre que, para mi desgracia, estaba casado y vivía tan lejos de mí. Un amor imposible, sin duda, pero un amor que sentía verdadero.

Capítulo Quince

El Regreso A Casa

Aquel viaje a India supuso uno de los mayores cambios internos en mi vida. Lo que vi, lo que sentí, lo que viví, iba mucho más allá de las expectativas que hubiera podido crearme. La conexión con el lugar fue inmediata, y el hecho de haber encontrado a Ravi, quien había acudido como guía en el último momento y de manera fortuita me dio a entender que mi destino estaba, sin duda, allí, y que todo lo que había intuido durante mi vida sobre aquel lugar era ahora real.

Cuando llegué desde el aeropuerto a casa de mis padres, tras preguntarme por cómo había ido el viaje, mi madre me miró fijamente y me dijo: "Te has enamorado". Ay, ¡las madres! Parece mentira como nos conocen. No lo negué, y tampoco oculté que se trataba de un hombre casado.

Ravi había contraído matrimonio siguiendo la tradición hindú del matrimonio concertado. La conoció el mismo día de la boda, y según me dijo después, nunca había estado enamorado de ella, aunque sí que la quería como madre de sus hijos y como compañera, más que como esposa. Anteriormente ya había tenido relación con otras mujeres extranjeras, pero no le cabía en la cabeza la posibilidad de separase de su mujer.

En nuestro contexto occidental, esta afirmación puede dar lugar a muchos juicios de valor. Pero hay que entender que, en India, la realidad es completamente diferente. Aunque las cosas están cambiando en los últimos años, tradicionalmente el matrimonio no es más que un contrato social que se establece entre dos personas para perpetuar el linaje y mantener las propiedades heredadas. En este sentido, creo que es preferible comprender cada situación dentro del contexto en que sucede, y no extrapolarla a aquello que conocemos, creyendo que es lo único, o lo mejor. En esta vida es la apertura mental la que nos ayuda, sin duda, a empatizar con los demás.

A mis padres, obviamente, y entendiendo la mentalidad europea sobre el matrimonio, no les gustó nada la idea, pero ya estaban hechos a mis locuras, así que apenas hicieron comentarios.

Cuando me incorporé al trabajo, solo con verme entrar por la puerta del despacho, la coordinadora de mi recurso me dijo: "¿Para cuándo te pides la excedencia?". Así, sin más. Llevaba años pensando en cómo pedirla para irme a India… y de pronto las cosas se estaban colocando sin que hiciera falta que moviera ninguna ficha. Y es que a veces las piezas simplemente se encajan por sí solas en mi vida, como si hubiera un propósito claro. Con cada experiencia aprendo que el control no siempre es necesario. Fluir con el curso de los acontecimientos, aceptar lo que llega y lo que se va, parece llevarme hacia donde debo estar en cada momento. Es igual que seguir una corriente, confiando en que el viaje tiene su propio sentido.

En aquel entonces hablaba con Ravi casi a diario, nos mandábamos emails (en esos días aún no se utilizaba apenas el Whatsapp, y menos en India), y los dos parecíamos dispuestos a ver qué era eso que habíamos sentido. Así que, sin mucho rodeo, en el mes de diciembre me compré un billete de avión para volver en marzo, estar 15 días junto a Ravi, y comprobarlo en persona.

En el mes de enero de 2011, antes de mi segundo viaje, entraron a robarnos dos veces a casa. La primera vez no pensé que hubiera sido un robo, pues solamente estaba abierta una de las ventanas y no faltaba nada ni había nada revuelto. Pero a los pocos días, al volver de una salida con mi padre, me encontré la puerta forzada y todo patas arriba. Michi estaba tumbada en el sofá, como si no fuera con ella. Se habían llevado el ordenador y la cámara de fotos. Me invadió un sentimiento de vulnerabilidad al sentir violada parte de mi intimidad, de mi espacio personal. Además, temía que volvieran de nuevo en algún momento, porque, aunque robaron lo más valioso que tenía, igual habían visto algo de su interés que no les dio tiempo a coger. Me asusté, y durante una semana estuvimos durmiendo en casa de mis padres. Al poco tiempo la dueña puso barrotes en las ventanas, pero ya no me sentía cómoda en aquel lugar.

Unos días después del 8º cumpleaños de Ananda me lancé a la aventura: viajar a la India con una persona que apenas conocía. Iba a pasar dos semanas con él a solas, visitando algunas ciudades. Estaba un poco asustada, pero algo dentro de mí me decía que tenía que hacerlo, aunque estuviera infringiendo normas morales prestablecidas al estar con un hombre casado.

Fueron 15 días intensos y maravillosos. Desde el primer instante era como si lleváramos juntos toda la vida. Nos entendíamos muy bien, fluíamos fácilmente y, a su lado me sentía cómoda, segura y muy amada. Pero en aquel viaje descubrí algunas cosas de Ravi que no me agradaron demasiado: por un lado, bebía alcohol (no a diario, aunque sí le gustaba tomarlo), y por otro utilizaba tabaco de mascar, así como una hoja rellena llamada paan, donde también meten tabaco y bhang, un compuesto de marihuana (hay que puntualizar que todas estas sustancias son de consumo habitual en India, al menos en la zona norte). Es decir, que tenía muchos hábitos que yo había desechado hacía tiempo. Quizá en otro momento de mi vida hubiera dejado esta relación, anteponiendo la mente a mi corazón. Pero de nuevo el destino tenía planes diferentes.

Durante mi estancia en Varanasi contacté con una organización que dirigía una mujer española, e hice una visita con la intención de saber qué se necesitaba para montar una ONG allí. Me recibió Olga, la directora y fundadora, y aunque no me dio muchos detalles de cómo había que hacer para empezar un proyecto en India, me enseñó parte del suyo. Trabajaba para los niños y niñas de los barrios más pobres de la ciudad y de los slums, las colonias de recogedores de basura, proporcionándoles educación y cobertura sanitaria.

En aquel viaje conecté aún más con el país. Estaba tranquila, como si llevara allí toda la vida. Aunque había cosas que me sorprendían, pues India nunca deja de hacerlo, las entendía, y empatizaba con la cultura, con la gente. Era como si mi alma vibrara con el alma de aquellos seres tan lejanos a mí, pero que yo sentía tan cerca.

Por eso, al volver a Madrid lo tuve claro: quería irme con mi hija a vivir a India. Quería estar en ese país y al lado de Ravi, aunque fuera una locura. Además, sentía que sería una gran oportunidad para Ananda conocer una cultura tan diferente, que enriquecería su vida. Lo hablé con ella y le pareció bien, así que me decidí a hacer un nuevo cambio de rumbo.

Mi primer baño en el río Ganges, Varanasi, India

Para poder quedarme algún tiempo necesitaba un visado y un oficio que ejercer allí, pues no quería irme solamente por irme, dejando una vida en España. Entonces hablé con Olga, la directora de la ONG que había visitado, y le pedí trabajar de voluntaria cinco meses, para probar a ver cómo me iba, y ver cómo se adaptaba mi hija. A ella le gustó la idea y me mandó todos los papeles necesarios.

Solicité toda la documentación para el cambio de colegio de la niña, y pedí una excedencia en el trabajo que, además, ya no me resultaba tan satisfactorio, pues Ananda había cumplido 8 años y se me había terminado la jornada reducida. Ahora en lugar de estar en casa para comer, llegaba casi a las siete de la tarde, cansada y sin tiempo que dedicarle a mi hija, y eso no era lo que quería en mi vida. Una vez más, todo se dio en el momento adecuado.

Organicé un bazar en el patio de casa donde regalé cientos de objetos que ya no necesitaba: libros, muebles, juguetes, ropa, utensilios de cocina, adornos... Estaba dispuesta a empezar nuestra nueva vida libre de cargas. Lo poco que me quedó lo guardé en una nave de la finca de mi abuelo. Michi, nuestra perrita, se quedó con mis padres, que la cuidaron hasta que falleció unos años más tarde.

En el mes de agosto del año 2011, mi hija y yo dejamos de nuevo España y volamos rumbo a Delhi, preparadas para vivir una nueva aventura.

Capítulo Dieciséis

Primeros Años En India

Cuando llegamos a Varanasi, camino de nuestra nueva casa, le dije a Ananda que me preguntara todo aquello que no entendiera, pues estaba ahora en un lugar que no tenía que ver en absoluto con lo que ella había conocido hasta el momento. Sin embargo, parecía como si nada le asombrara. Lo único que llevó peor en esa entrada a la ciudad fue el calor sofocante y la comida, que apenas le gustaba.

Ravi ya nos había buscado un sitio donde vivir y un colegio para la niña, así que la incorporación a nuestra nueva vida fue sencilla. La casa era un estudio en un edificio de la zona sur de la ciudad, cerca del Ganges; un lugar pequeño, pero con muchas facilidades, pues estaba amueblado, tenía wi-fi, seguridad..., y para nosotras era más que suficiente.

El colegio en el que la matriculamos era bastante alternativo para India. En él estudiaban otros niños extranjeros, hijos de occidentales que estaban viviendo en la ciudad, o de hombres o mujeres que se habían casado con indios/as. Era un colegio pequeño, dirigido por una señora india que vivía en Estados Unidos. Las clases se impartían en inglés, y aunque Ananda no sabía mucho, sería más fácil, a priori, que aprender hindi (la lengua oficial del país).

Los primeros días no quería ir al colegio. Normal. No conocía a nadie, y tanto cambio de golpe era un poco estresante. Nunca había llevado uniforme... ¡Estaba preciosa con aquel vestidito blanco y su mochila rosa! Rápidamente se fue adaptando, y entendiendo un poquito más de inglés, lo que le facilitó la comunicación. E hizo buenas amigas. Cuando pasó algo de tiempo y cogimos más confianza, a veces se iba a pasar la tarde, o incluso a dormir, a casa de algunas de estas amigas, conviviendo entre familias indias, y aprendiendo desde dentro una cultura que nada tenía que ver con la suya. Sin embargo, era raro que a las niñas indias las dejaran quedarse a dormir en nuestra casa, pues eso de pasar la noche en casa con otras chicas debe de ser una costumbre muy occidental.

A la vez, yo me incorporé a la ONG. Me encantaba mi trabajo, pues estaba rodeada de pequeños y pequeñas de edades entre los 5 y los 12 años que eran todo amor. Aunque me dedicaba más a la gestión y contacto con los padrinos de los niños, también intentaba pasar tiempo en las aulas y con las profesoras ayudándoles a preparar las clases o haciendo seguimiento de las mismas. Trabajaba desde las 9 de la mañana hasta las 5 de la tarde, así que llevaba a Ananda al colegio temprano en rickshaw de bicicleta, me iba a la ONG, volvía a mediodía a recoger a la niña de la escuela, y estaba conmigo el resto de mi jornada. Luego regresábamos a casa, y Ravi venía para salir a dar un paseo en moto los tres. Creo que ya estamos acostumbrados a ver las imágenes de las motos en India con numerosos pasajeros. Tres es un número normal, ¡pero llegué a encontrarme hasta 6 personas en una moto! Allí la circulación, aunque es muy caótica, es lenta, por lo que no suele haber muchos peligros. Además, ellos están adaptados a ese tipo de conducción, por lo que no era habitual que hubiese accidentes dentro de la ciudad.

Al cabo de un tiempo, cuando empecé a confiar más en el lugar y la gente, dejé que Ananda volviera con el coche del colegio hasta cerca de la ONG, donde la recogía. Esto a veces se convertía en una auténtica odisea, ya que cortaban las carreteras a menudo por los festivales, por peregrinajes, o por las lluvias, con lo cual el coche no podía llegar al punto de recogida, y tenía que salir corriendo de la oficina para llegar antes que él y que no dejara a la niña en medio del caos. Pero, a pesar de algunos inconvenientes, para mí estar allí seguía siendo la única opción. Me gustaba mi trabajo, estaba cómoda en mi casa, y sabía que Varanasi era el lugar donde quería vivir.

Varanasi, como ya dije, es una de las ciudades más sagradas del hinduismo, donde la vida se centra en la espiritualidad, no en la diversión. El ocio para los indios no es algo muy habitual. Aun así, íbamos de vez en cuando al cine, a alguna feria con atracciones, o al parque. Intentaba que Ananda se encontrara bien, y que, dentro del gran cambio, siguiera disfrutando de su infancia.

El tiempo iba pasando, y cuando transcurrieron los 5 meses iniciales de prueba no me quería marchar. Lo hablé con Ananda, que no se opuso a que nos quedáramos. Después hablé con Olga y le propuse seguir trabajando para ella, codirigiendo la ONG, pero esta vez cobrando algo de dinero, pues tenía que vivir. Acordamos un pequeño salario y alargamos nuestra estancia allí.

En ese tiempo Ravi montó una agencia de viajes, Sangha Services. Él era guía de profesión, y quiso ampliar el negocio por su cuenta, pero no tuvo mucho éxito. Después de unos meses de intentarlo cerró la oficina y se quedó de nuevo sin trabajo, pues era freelance y no le llamaban muy a menudo (ser guía es una de las ocupaciones más comunes en ciudades como Varanasi). Su situación económica era precaria, así que pasó unos meses complicados emocionalmente, en los que Ananda y yo tratamos de apoyarle en todo lo que pudimos.

Habíamos establecido una bonita relación. Él vivía con su familia, pero por las tardes venía a estar con nosotras. Nos cuidaba como si fuéramos también su propia familia: asistía a las funciones del colegio, nos llevaba al médico cuando nos hacía falta, etc. A veces, nos íbamos los tres en tren a pasar el fin de semana a Bodhgaya, la ciudad en la que Buda alcanzó la Iluminación, para así salir de Varanasi y desconectar un poco. Me gustaba tanto ir allí, que en un momento dado me planteé comprar un terreno en la ciudad para poder ir más a menudo a descansar. Finalmente, descarté la idea.

Fue en Bodhgaya precisamente donde decidí desligarme de Rigpa, el grupo de budismo tibetano al que pertenecía en Madrid. Estando allí, bajo el árbol Boddhi, entendí que Sidhartha se había Iluminado gracias a su práctica continua de meditación, y a su gran trabajo de introspección y búsqueda interior, por lo que a partir de ese momento no sentí la necesidad de seguir a ningún maestro ni ninguna escuela en concreto, y me centré en mi propia práctica espiritual de una manera más consciente.

Todo el mundo en la ciudad sabía que Ravi y yo estábamos juntos. No sé si comentarían o no, supongo que sí, pero a Ravi, de la casta de los brahmanes, no le importaba lo que pudieran decir. Y eso lo agradecí desde el principio, ya que me antepuso a su gente, algo muy inusual en la intrincada sociedad hindú de Varanasi.

Las castas en India es un tema muy complejo y largo del que hay varios libros ya escritos. Solo quiero incidir en una cosa: la casta de los brahmanes es la más «alta» de las 4 que existen, por encima de los chatrias, vaishas y shudras. Cuanto más alta es la casta, más expectativas tiene la sociedad de que tu comportamiento sea el adecuado. Por lo que, socialmente, está peor visto que un brahman se salte las normas a que lo haga un vaisha o alguien de castas «inferiores». Aunque a día de hoy este sistema de división social está legalmente abolido, sigue habiendo diferencias en algunos lugares, sobre todo en zonas rurales, y todavía se respeta bastante a la hora de los acuerdos matrimoniales (pero también son cada vez más comunes las bodas entre distintas castas).

En una ocasión, cuando aún llevábamos poco tiempo viviendo en la ciudad, se celebró un festival a orillas del Ganges en conmemoración del dios Krishna. Ananda y yo acudimos para ver el espectáculo en el río. Había miles de espectadores en los *ghats* (escaleras que bajan al agua), viendo la función. Conseguimos ponernos de pie cerca de la ribera, y de pronto una de las personas que trabajaba como electricista en nuestra casa vino a buscar a Ananda para que se sentara en un banco en una zona más distinguida. Como yo no me encontraba lejos, la dejé que se fuera. Pero, cuál no sería mi sorpresa, cuando de repente vi que una barquita se acercaba al lugar donde estaba ella, y junto con otros niños y adultos la metían en la barca… y salían al río. ¡Me entró pánico! No podía gritar, pues había muchísimo ruido, y tampoco podía traspasar la barrera. Pensé: "*¿Y si se la llevan? ¿Qué puedo hacer?*". Traté de tranquilizarme y de tranquilizar a Ananda, que me miraba desde el bote con cara de asombro. Y entonces vi que el recinto fluvial estaba cerrado, y que no podían salir por ningún lado. A continuación, pasó lo siguiente: esa barquita VIP se acercó a otro gran barco donde estaba el rey de Benarés con su familia; le saludaron, y pudieron ver el espectáculo de Krishna y la serpiente en una posición privilegiada. Luego volvieron a la orilla, y Ananda conmigo.

Con el paso del tiempo, tuve que aprender a confiar en las gentes y en el lugar en el que estaba, y dejarme fluir con las situaciones que se daban, pues India es un país donde todo puede suceder.

En el mes de noviembre se celebra en India el festival de Diwali, que simboliza el triunfo de la Luz sobre la oscuridad. Nuestro primer año fue muy divertido para Ananda, aunque no para mí. Llevaba días encontrándome algo floja, como si me faltara energía. Me levantaba bien por la mañana, pero según pasaban las horas, me iba quedando sin batería, hasta que no podía hacer nada. Después de casi una semana así, decidí ir al médico, que me hizo un análisis de sangre y me dijo que sufría dengue, una enfermedad transmitida por un mosquito, que hace que el cuerpo se quede sin defensas. El día de Diwali estaba sin poder moverme. Por suerte, nuestra amiga Manuela, una mujer italiana que conocimos al poco tiempo de llegar, y que tenía una hija un año menor que Ananda con la que iba al colegio, se llevó a la niña para participar en el festival, en el que es tradicional que todas las casas se iluminen con velas y luces de colores, y se lancen fuegos artificiales. Yo me quedé en casa, y a medianoche no podía dar crédito a mis oídos: ¡las fallas de Valencia eran una broma comparado con aquello! El ruido era ensordecedor, y constante. No sé hasta qué hora de la madrugada siguieron echando cohetes al cielo, pero a mí me pareció una eternidad. Afortunadamente, al cabo de dos o tres días, me fui encontrando mejor.

En otra ocasión nos fuimos al festival del Maha Kumbha Mela en Prayagraj (antes conocida como Allahabad), una ciudad a 125 km de Varanasi. El Kumbha Mela es el festival religioso más grande del mundo. En él se reúnen en torno a 120 millones de personas, entre ellos fieles, *sadhus* (hombres santos que han renunciado a la vida material) y maestros espirituales de toda India. Se celebra cada dos años uno pequeño, cada cuatro uno mayor y cada 12 el gran festival. Se lleva a cabo en 4 poblaciones diferentes del país, pero el mayor siempre es en Allahabad, donde se encuentra la confluencia de los 3 ríos sagrados: Ganges, Yamuna y Saraswati (ya desaparecido). En 2001, iba a haber ido con Álvaro, mi pareja en la época de EEUU, pero finalmente nos separamos antes de viajar. Y ahora, 12 años más tarde allí estaba, con mi hija, en este insólito lugar.

He de admitir que no me gustó tanto como esperaba. Me impresionó el despliegue de medios, pues en una explanada gigante construyen, de la nada, una ciudad con tendido eléctrico, hospitales, bomberos, alojamientos, etc. Algo increíble de ver. Pero, personalmente, me pareció un mercadillo de espiritualidad donde cada uno vendía su producto, la Iluminación, al mejor postor.

A veces veo cómo la espiritualidad y la religión se vuelven un negocio, como una tienda de souvenires. La búsqueda de la Iluminación se mezcla con anuncios y ventas, y esto me hace cuestionarme si el verdadero significado se pierde en el ruido. La autenticidad en el plano espiritual es clave, más allá de las ganancias. La espiritualidad genuina no se encuentra en los escaparates ni en las etiquetas de precio. Está en la conexión interna y en la compasión hacia otros seres. En medio de la comercialización constante del mundo actual, siempre he buscado mantener mi búsqueda espiritual arraigada en la simplicidad y la sinceridad.

Durante nuestra estancia, nos alojamos en una tienda de campaña en una zona del gran campamento. En el Kumbha Mela hay unos días específicos en los que, a una hora concreta que marca la astrología, y según la colocación de ciertos astros, es auspicioso bañarse en el río, pues se supone que tiene más oxígeno en ese preciso instante. Durante el baño principal millones de personas se congregan en la orilla para entrar a la vez. Mis amigas quisieron ir, pero yo tenía una hija y no me la quería jugar, así que me quedé en la tienda y me fui con Ananda a la confluencia de los ríos cuando ya se dispersó la muchedumbre. Y aunque la hora del baño principal ya había pasado, aún miles de fieles se bañaban a lo largo del día. Era impresionante ver a tanta gente, familias enteras, niños pequeños, metiéndose vestidos en el río, recogiendo agua en vasijas que luego llevaban a sus casas para los rituales, ofreciendo flores y velas. A veces las palabras se quedan cortas para describir lo que es India.

Esa misma noche se puso a diluviar, y las tiendas de campaña se inundaron. Dormimos como pudimos, y por la mañana tuvimos que salir corriendo de allí; pero no fue fácil, pues debido a la lluvia habían cerrado los accesos, estaba todo encharcado, no había cobertura en los móviles y no sabíamos cómo volver a Varanasi. A pesar de que intentamos sobornar a una ambulancia, o a la policía, nadie nos hizo caso. Finalmente conseguimos dejar atrás aquel laberinto y llamar desde una cabina a Ravi, que nos consiguió un vehículo. Llegamos muy entrada la noche, y ya casi en casa sufrimos un percance con el coche, que se montó en una mediana, aunque por suerte no nos pasó nada y por fin llegamos sanas y salvas.

A los pocos meses de estar en Varanasi, la esposa de Ravi empezó a sospechar que tenía una relación. Él desde el principio no le mintió, aceptando que así era. Su casa se revolucionó durante un tiempo, y su mujer le insistía en que quería conocerme. Yo me oponía, ya que no me parecía adecuado, aunque ante su insistencia finalmente accedí. Nos encontramos a la entrada de un templo por la tarde-noche. Ella me pidió que dejara a Ravi (en hindi, mientras él traducía), pues si él la dejaba por mí, no le quedaría nada, y, sin embargo, como mujer occidental, yo podía hacer lo que quisiera. Traté de explicarle que no tenía ninguna intención de que su marido la abandonara. Entendía perfectamente su postura, pero sentía que era algo que debían hablar entre ellos, no conmigo.

No es que estuviera orgullosa de tener una relación con un hombre casado. Aun así, en ningún momento me sentí la amante de Ravi, sino su compañera. Y tuve muy claro que no quería que dejara a su familia por mí, pues comprendía que separase en aquella sociedad era algo que les destrozaría tanto a él como a su mujer y sus hijas. Pero tampoco estaba dispuesta a tomar la decisión de dejarle, y siempre le amé desde el respeto a su situación personal (aunque, quizá, esto no sea muy fácil de entender).

Más tarde tuve otro encuentro con la mujer de Ravi, esta vez menos cordial. Pero con el paso del tiempo entendió que yo no era una rival sino una aliada, y, finalmente, me terminó aceptando e incluso cogiendo cariño.

Como ya he dicho, soy muy romántica. Siempre he creído en el amor por encima de todo, y he buscado, a lo largo de mi vida, el amor verdadero. Ahora, con el paso del tiempo, he comprendido que el amor verdadero es el que se vive a cada momento, y que no hay ni personas perfectas, ni relaciones perfectas. Aun así, sigo siendo de aquellas que piensa que «el amor mueve montañas». Y, afortunadamente, la «montaña» que podía haberme separado de Ravi se había movido.

En India el año escolar termina en mayo y comienza de nuevo a finales de junio, debido al calor, así que cada año nos volvíamos a España un par de meses a encontrarnos con familiares y amigos. Eran momentos de mucha actividad, pues queríamos verlos a todos. Disfrutábamos mucho de aquellos principios de verano, aunque después el regreso fuera algo complicado para Ananda.

También aprovechábamos unos días para ir a Creta. No quería que se perdiera el vínculo con la isla, con Grecia, y con nuestras amigas Caroline y Mariana. Además, en los años que pasaron hasta que murió la madre de Paris, Ioanna, procurábamos también estar algo de tiempo en Atenas o Salamina con ella, y que así disfrutara de Ananda.

Cada cuatro meses recibíamos voluntarias en la ONG de Olga. Eran personas españolas que pasaban un tiempo en India trabajando a cambio de la experiencia tan enriquecedora que suponía colaborar con un proyecto como ese. En una ocasión vinieron a hacer voluntariado tres chicas con las que en seguida hicimos buenas migas. Solíamos salir juntas las cuatro con Ananda a pasear, o al hotel de una conocida, donde pasábamos bonitas tardes charlando o yendo a navegar al río. Quizá esta proximidad con las voluntarias hizo que Olga se sintiera un poco desplazada, aunque nuestra relación era cordial, principalmente en el ámbito laboral. No hacíamos vida en común fuera de la ONG, y tampoco éramos amigas. Pero llevábamos tiempo trabajando la una con la otra, y tal vez no me di cuenta de que a ella no le estaba gustando la cercanía con las chicas. El caso es que esta situación generó una tensión entre Olga y yo que derivaría en mi salida, al cabo de los años, de la ONG.

Una de las desventajas de ser inmigrante en una ciudad como Varanasi es que casi todo el mundo está de paso, y cuando haces vínculos personales, a los pocos meses se terminan. Y eso pasó con nuestras amigas, que se marcharon dejando hueco a nuevas voluntarias.

Sin embargo, también hubo personas estables en mi vida en el tiempo que pasé en India, como el escritor y editor español Álvaro Enterría, que llevaba por aquel entonces casi 30 años viviendo en Varanasi. Antes de irnos, estando en España, mi amiga María (de mi grupo de la universidad de trabajo social), me dejó el libro *La India Por Dentro*, escrito por Álvaro. Me gustó tanto que me puse en contacto con él, y cuando llegamos fuimos a conocerle. Desde entonces hemos mantenido una amistad muy enriquecedora para mí, pues él es gran conocedor de la cultura india, y nos gusta pasar tiempo conversando. Aparte de Álvaro y su esposa, y Manuela y Reya (la mujer italiana con su hija), también tenía otra amiga, Begoña, que ya conocía desde hacía tiempo en Madrid, y que pasaba allí 6 meses al año. Durante su estancia solíamos vernos a menudo, y celebrar las famosas «fiestas españolas» en casa de Álvaro y Arati, o simplemente ir a orillas del río a tomar un chai (el té negro especiado que tanto se toma en India). Así que disfrutaba de un círculo pequeño pero estable de amistades.

Otra de mis responsabilidades en la ONG era recibir a las visitas. Había muchos turistas que se interesaban por conocerla a su paso por Varanasi, y yo les explicaba los proyectos y, a veces, los acompañaba a ver la ciudad. Pasaron muchas personas especiales por allí, pero sin duda la que más me marcó fue Antonio Pampliega. Antonio vino con su pareja de entonces, una periodista de Radio Nacional. Él era reportero de guerra freelance, y cuando me contó alguna de sus historias en los conflictos, se me saltaban las lágrimas, quizá también porque, siendo muy pequeña, soñé en algún momento con ser corresponsal de guerra. Por eso me impactó tanto la vida de Antonio. Años más tarde, en el 2015, vi en Facebook que le habían secuestrado en Siria. Me quedé conmocionada con la noticia y contacté con su expareja, quien me dijo que él y otros dos compañeros estaban retenidos desde hacía meses, y se desconocía su paradero. Estuve al habla con ella durante todo el secuestro (casi 10 meses) para saber de Antonio. Y tuve la buena fortuna de que, nada más ser liberado, me encontraba en España y pude quedar con él para tomar un café. Hacía menos de una semana que había regresado, y una vez más su historia me conmocionó. Después, cuando leí su libro *En La Oscuridad*, me impactó mucho más todo lo que había vivido. Afortunadamente, seguimos estando en contacto.

Una vez, mientras cenábamos en una pizzería de la zona de nuestra casa, llegó una pareja que vivía en la ciudad, pues ella era lectora de la Universidad (en Benarés había un curso/diplomatura de español, y cada dos años venían profesoras de España a quedarse para impartir las clases). Les invitamos a sentarse con nosotros, y nos dijeron que estaban con unos amigos, a los que también hicimos sitio. Al cabo de un rato Ananda, que tiene una facilidad asombrosa para reconocer a las personas, me dijo en bajito: "Mamá, es la actriz de *Aquí No Hay Quien Viva*", (dio la casualidad de que estábamos viendo la serie en ese momento). Efectivamente, era Vicenta Ndongo, una intérprete española que estaba viajando alrededor del mundo junto a su pareja de entonces, Ivan Hermés, también actor. Durante la amena conversación me preguntaron dónde podían bañarse en el Ganges lejos de las miradas de los curiosos, y les recomendé cruzar al otro lado del río con un barquero con el que yo solía ir de paseo cuando teníamos visita en la ONG: Amarjit.

El Ganges es el río más sagrado de India. A su paso por Varanasi cambia su curso, fluyendo de sur a norte, lo que permite que, estando en la margen oeste de la ciudad, se pueda ver el sol salir por el este sobre las aguas. El amanecer es uno de los mayores atractivos para los turistas, que salen en barca antes del alba para disfrutar de este momento tan especial. También las personas locales y los peregrinos van a orillas del río al despuntar el día a hacer sus rituales. Bañarse en sus aguas es algo común para las personas de India, aunque no tanto para los occidentales, que han escuchado mil historias sobre la polución y los muertos flotando en la superficie (en los años que he vivido allí solamente he visto dos cuerpos humanos en el Ganges). Yo me he bañado bastantes veces, siempre con devoción, y nunca me ha ocurrido nada. Recuerdo que una vez vinieron de un canal de televisión de España a grabar un documental sobre el

Ganges a su paso por Varanasi. Iban a entrevistar a Álvaro Enterría, pero estaba indispuesto y él les recomendó que hablaran conmigo. Me hicieron una entrevista en la que defendí el río, pues al igual que hay una corriente que afirma que es uno de los más contaminados del mundo, hay otra que cree que sus aguas no lo están tanto como se dice. Yo a veces me he planteado que, si estuviera tan contaminado, todos los que beben de él estarían enfermos, y, sin embargo, no lo están. El caso es que meses después pusieron el documental en la televisión, y ¡habían cortado las partes en las que lo defendía el Ganges, y habían dejado solamente lo negativo! Me enfadé tanto que decidí no colaborar más con ningún programa que no fuese en directo.

El caso es que Vicenta e Iván se bañaron a diario durante su estancia en Varanasi, y entablaron amistad con Amarjit, el barquero, que les contó que su padre estaba enfermo y no podía llevar la barca, por lo que los ingresos en la familia eran muy escasos. Ellos se conmovieron con su historia, y decidieron ayudarle a abrir una pequeña tienda de comestibles en su casa, pero como se marchaban, me pidieron ayuda para hacer el seguimiento del proyecto. Yo acepté encantada, así que cuando recaudaron fondos con sus amigos y familiares, me mandaron el dinero y, poco a poco, la tienda de Amarjit fue una realidad. Él tenía por aquel entonces 14 años. Como anécdota diré que, tiempo más tarde, Vicenta e Iván tuvieron un hijo que nació el mismo día que Amarjit, con el que aún nos une una bonita amistad.

Durante los primeros años en Varanasi recibimos varias visitas de amigos, como la de Elena, nuestra amiga de Grecia. Pero sin duda la que más ilusión nos hizo fue la de mi madre. Con sus 66 años y sin hablar inglés, haciendo alarde de un gran valor, se vino a vernos. Ravi la recogió en Delhi, y desde allí se vinieron los dos en tren. Para ella viajar en el tren con una persona con la que no podía comunicarse fue una experiencia que nunca olvidará. Mi madre no quería hacer turismo, sino conocer nuestro día a día en India, de modo que se quedó todo el tiempo en Varanasi. La llevamos a ver la ciudad, estuvo en casas de amigos, tanto indios como españoles, y disfrutó un montón su estancia. También visitó la ONG de Olga, pues en el año 2013 mis padres habían comenzado a trabajar para ella, distribuyendo en España productos que vendíamos para recaudar fondos. Así que le encantó conocer el proyecto, a las mujeres y a los niños, que la recibieron con mucho cariño.

Es curioso cómo hay lugares, países, ciudades, con los que sentimos conexión, y otros con los que no. Muchas personas me han dicho a lo largo de estos años que nunca irían a India, que no están preparadas para ver tanta miseria. Sin embargo, los que amamos este país sabemos que no existe tal miseria, sino una cultura completamente diferente a la nuestra. Yo les entiendo, y les respeto, pues también hay partes del mundo que no me atraen.

En esos años asistimos a varias bodas indias. Al principio resultaban interesantes por la novedad, pero después también se convierten, como en occidente, en un compromiso social. Las bodas duran 3 días, aunque si no eres parte de la familia, lo normal es que te inviten al segundo, cuando celebran una especia de bufé y los recién casados se presentan en sociedad. El primer día es de preparación. Los novios y los invitados principales, cada uno en su casa, se decoran con tatuajes de henna y hacen una ceremonia con un *brahman* (sacerdote).

Al día siguiente, después del bufé, los novios celebran lo que es el enlace en sí, rodeando un fuego sagrado siete veces a una hora determinada por un astrólogo, y que se corresponde con el momento en el que Venus está en su punto más alto en el firmamento. En el último ritual, la pareja de recién casados acude a orillas del Ganges y se oficia otra *puja* (ceremonia).

Ananda y yo en una boda en India

Actualmente las bodas se han convertido en un negocio muy lucrativo en India. Normalmente se celebran en amplios recintos específicos para estos eventos. Las familias invitan a cientos de personas. El séquito del novio llega con banda de música, acompañada de parientes bailando por las calles de la ciudad. A veces acude subido a caballo, y otras va a en grandes coches, o incluso carrozas. Por su parte, la novia acude más tarde y con su propio cortejo. Ambos se reúnen en el recinto, donde se coloca un escenario y una especie de sillas o tronos en los que pasarán el resto de la noche sentados, recibiendo a los invitados y haciéndose fotos con ellos. No siempre hay música de baile, aunque con la modernización y la imitación de las celebraciones occidentales, cada vez va siendo más común que sí la haya.

También cabe destacar aquí la importancia de la astrología en la sociedad india. El astrólogo tiene mucha relevancia a la hora de las grandes decisiones para un hindú (practicante de la religión hinduista): compromisos matrimoniales, bodas, aperturas de negocios, estudios. Casi todo pasa por la consulta del astrólogo. Yo iba asiduamente al de Ravi. Era una persona sencilla, que nos recibía en su casa con su *lungui* (tela de algodón que se enrollan los hombres a la cintura) y su camiseta de tirantes. *Guru jee* (jee es el distintivo de respeto que se utiliza después de un nombre) tenía siempre la sala llena de gente, y hacía la lectura de la carta delante de todo el mundo, lo que resultaba muy extraño para la mente occidental, pues no había privacidad. Pero claro, en una ciudad con aproximadamente 5 millones de habitantes… ¡la privacidad es un lujo! Además, los indios suelen compartir sus vidas con los demás, aunque luego tienen sus secretos ocultos. A pesar de que ya me atraía la astrología desde hacía años, desde que fui a India se convirtió para mí en algo relevante en lo que basarme para mi autoconocimiento y crecimiento personal.

Como ya conté anteriormente, Ananda se integró bien en el colegio. Cada año realizaban funciones de fin de curso en las que bailaba con sus compañeras y compañeros de clase. En una ocasión, prepararon un baile en una zona muy céntrica de la ciudad, en una especie de plaza abierta al público. Había cientos de personas viéndolo, y allí salió mi hija, vestida con su uniforme, bailando en primera fila con un desparpajo que sorprendió a todo el mundo, no solo por ser la única niña occidental, sino por lo bien que lo hizo. ¡Me sentí muy orgullosa de ella!

Después de tres años en la ONG, decidí dejar el trabajo. La relación entre Olga y yo estaba muy deteriorada, y un acontecimiento inesperado que me rompió el corazón fue el detonante para que tomara la decisión, no sin gran sufrimiento, pues amaba lo que hacía, y tenía buen trato con mis compañeras, la mayoría mujeres indias que ejercían de profesoras. Pero hay momentos en la vida en que, aunque duela, tenemos que pensar en nuestra salud mental, y protegernos de situaciones que nos perjudican.

A veces también el miedo nos impide romper con aquello que sabemos que no nos conviene. Nos apegamos a personas, situaciones, trabajos, y soltarlo todo y empezar de cero requiere valentía. En esas situaciones, yo suelo confiar en la vida y en mi instinto, que me guía hacia donde tengo que ir. Si no estoy bien en algún lugar, es que no es el lugar en el que debo de estar. Y eso sentí en aquel momento.

Al mismo tiempo que salía de la ONG, un chico español que vivía en Varanasi me ofreció alquilar la vivienda que dejaba. Era una casa grande, con dos habitaciones, salón, trastero, dos cuartos de baño, un patio y una hermosa cocina. A Ananda le fascinó la idea de cambiarse a un espacio mayor y tener su propia habitación. Aunque esta mudanza suponía mejorar en calidad de vida, ella perdería la compañía de las amigas que tenía en el edificio en que vivíamos. Aun así, prefirió esta opción. Los caseros, un matrimonio con una hija con discapacidad, eran una gente maravillosa, y me alegré de pasar a un lugar más estable, cómodo y seguro. Fue un regalo dar con él, pues no era fácil encontrar buenos alquileres para largo plazo en la ciudad.

Mientras tanto en España había nacido mi segundo sobrino, otro niño precioso que completó la bonita familia de hermano. Como se puede ver a estas alturas, estar en los eventos familiares significativos no ha sido mi destino en esta vida. Pero eso no implica que no me sienta unida a ellos, pues la unión con los parientes, al igual que, como ya he dicho, con las amistades verdaderas, va más allá de la distancia. Según mi creencia, elegimos a la familia en la que nacemos para aprender aquello que el alma necesita en esta vida. También el karma pasado juega su papel en esto, haciendo que estos vínculos sean los más difíciles de llevar (en la mayoría de los casos), pero también los que más nos ayudan a crecer si los comprendemos un poco más allá de lo que socialmente, y a simple vista, significan.

Al quedarme sin trabajo se me vino el mundo encima. Yo quería seguir viviendo en Varanasi, pero no sabía a qué podría dedicarme. Y un día, de pronto, lo vi claro: fundaría mi propia ONG. El proyecto de Amarjit había sido un éxito, así que crearía una organización para ayudar a las personas y familias a montar sus propios negocios. Le conté la idea a Ravi y le gustó mucho. Decidió apoyarme, y le dio a la ONG el nombre de Swawalambi, que significa «autosuficiente» en hindi. Para abrirla necesitaba socios en España, y me vinieron a la mente Vicenta e Iván, la pareja de actores que había conocido hacía unos meses. A través de Skype les propuse la idea y les encantó, por lo que nos pusimos manos a la obra: Ravi sería el que organizaría Swawalambi India y nosotros seríamos Swawalambi España. Sin embargo, no tendría la organización como principal fuente de ingresos, pues no quería vivir de ella.

Este es un tema un poco controvertido, ya que a muchas ONG´s se les acusa de pagar a sus empleados con los fondos que reciben de los socios. Habiendo trabajado en una, y tenido otra propia, he entendido que es normal que las personas que ofrecen sus servicios en estas organizaciones tengan sueldos, pues dedican su tiempo a los proyectos sociales, pero a su vez tienen que vivir. Lo que, bajo mi punto de vista, no pueden hacer, es tener mayor cantidad de empleados de los necesarios, ni pagarles salarios desmesurados. Cuando donamos a una entidad sin ánimo de lucro, lo hacemos para mantener el funcionamiento de la organización, y los trabajadores son una parte básica. Por mi parte, mientras tuve Swawalambi percibí un dinero simbólico por el tiempo que invertía en cada proyecto, pero nada que me permitiera convertirlo en mi forma de vida.

Así que, en poco tiempo, nació Swawalambi India. Pero…, ¿y de qué iba a vivir? Un día, por casualidad, vi que en uno de los apartamentos de mi edificio había estudiantes americanos que habían venido a unas jornadas culturales. Estaban en una sala escuchando una presentación y, entonces, me vino otra inspiración: organizar un viaje cultural a India. No quería un viaje turístico, sino algo diferente que aportara una visión global más profunda de algunos aspectos del país. Ravi tenía ya la empresa constituída, de modo que, con su nombre y su apoyo, diseñé una ruta cultural para el verano. Durante las jornadas, él daría las charlas y yo traduciría. Un trabajo en equipo.

Pero se planteaba otro problema: el visado. Hasta entonces había tenido uno de voluntariado con la ONG. Y ahora, ¿qué haría? Hablé con la directora del colegio de Ananda, que también era una ONG, y me ofrecí a trabajar con ellos a tiempo parcial en alguno de los proyectos que llevaban a cabo. Ella recibió mi oferta de buen grado, y me propuso llevar la cafetería de la escuela, que también funcionaba para el público. Me gestionaría el visado de voluntariado por un año, y me pagaría un pequeño sueldo, así que en un principio me pareció buena idea y acepté con agradecimiento.

Volví ese verano del 2015 a España con dos nuevos proyectos en las manos y una nueva vida en India.

En el mes de marzo había muerto mi abuela paterna. Tenía 95 años, y tampoco pude estar en el momento de su partida, como ya me ocurriera con mis dos abuelos maternos, así que, al llegar a casa de mi abuelo, noté su ausencia. Mi abuelita me había criado desde pequeña, había vivido con ella aquel verano entre Tanzania y Grecia, y nos unía un bonito vínculo. Pero ahora, después de tantos años fuera de casa, sabía que estos acontecimientos pueden suceder. La parte más dolorosa era no poder acompañar a mis seres queridos cuando sufrían las pérdidas, sin embargo, había aprendido a aceptarlo, y trataba de acompañarlos y cuidarles en la distancia. Visité su tumba a modo de despedida.

Dar de alta Swawalambi España se dio rodado: nos reunimos los tres, Iván, Vicenta y yo, definimos los estatutos, revisamos el proyecto que había diseñado y en unos días ya era una realidad. Estábamos muy contentos, y con muchas ganas de contribuir con nuestro trabajo a que se diera un pequeño cambio en la vida de algunas personas. Ellos hablaron con actores y actrices españoles que nos dieron su apoyo con su imagen, y también algunos donativos cuantiosos.

Respecto al viaje, una vez definido no era fácil venderlo, pues el turismo era un campo totalmente desconocido para mí. Pero gracias a la hermana de mi amiga María (de trabajo social) conseguimos un grupo de 10 personas.

Antes de volverme a India pedí otro año de excedencia en mi empresa. Fue un momento de muchos cambios: empezábamos a vivir en un otro lugar, comenzaba un nuevo empleo y tenía que gestionar una ONG y un viaje, ¡y todo en el mismo espacio de tiempo!

Lo primero fue incorporarme a la cafetería. He de decir que casi desde el principio tuve claro que no encajaba allí. Las funciones que la directora me había encomendado eran complicadas, ya que quería cambiar el estilo de trabajo de las cocineras, (que tenían hábitos como limpiar y cortar las verduras en el suelo, algo habitual en su cultura) e inculcarles modos más occidentales. Ellas no entendían el por qué, y me resultaba frustrante la falta de comunicación. Además, me vi una vez más en el campo de la hostelería, y sentí que ya había pasado por eso, y que ya no era mi lugar. Tenía nuevos proyectos entre manos, y si dedicaba mi energía a la cafetería, no podría sacarlos adelante. Me encontraba en un conflicto, pues no sabía qué decisión tomar.

A veces, la vida nos bombardea con un montón de opciones y no sabemos por dónde ir. En esos momentos, he descubierto que mirar hacia adentro, y confiar en mi propia intuición y valores, es clave. Siempre he intentado que la autenticidad y la claridad de propósito me guiaran en medio de la confusión y me llevaran por el camino correcto, aunque no ha sido una tarea sencilla.

Las fechas del viaje cultural se acercaban, así que pedí unos días de permiso en el colegio para poder dedicarme a mi proyecto. La experiencia fue un éxito, y a ese viaje le siguieron varios más en los que tuve la fortuna de recibir a personas maravillosas, principalmente de España y Latinoamérica, muchas de las cuales se convirtieron en amigas. En una ocasión en que no salieron participantes suficientes para hacer el viaje en grupo, Ravi y yo decidimos realizarlo igualmente. Fue el caso de Paz Luz Amor. El resultado fue tan gratificante que cuando esta situación se repitió, seguimos adelante con un solo viajero, lo me llevó a diseñar un nuevo viaje: acompañar a mujeres que querían viajar solas por India pero que, por algún motivo, no se atrevían. Fue una bonita experiencia, muy enriquecedora para ellas y para mí.

A pesar de no estar a gusto en mi nuevo trabajo, me había comprometido por un año con el colegio y no quise faltar a mi responsabilidad, así que con mucho pesar seguí llevando la cafetería. Allí conocí a una de las mujeres que limpiaba en la escuela, Ruksana, que me contó que estaban pasándolo muy mal económicamente porque su marido se encontraba desempleado. Le hablé de nuestra ONG y me pidió ayuda para montar un puesto de comidas que regentaría su esposo. Tras estudiar la situación y hablarlo con los socios de India y España, decidimos ponernos en marcha con el caso. A través de las redes sociales recaudamos fondos para su negocio, y con mucho esfuerzo por parte de Ravi y mío (y de Ananda, que nos acompañaba siempre), poco a poco conseguimos que se diera forma al anhelo de Ruksana y su familia. Abrieron el puesto a las afueras de Varanasi, y comenzaron a trabajar con ilusión. Este fue el primero de varios proyectos que realizamos con Swawalambi. En cada uno de ellos pusimos mucho amor y dedicación, pero no todos salieron adelante del mismo modo. Sin embargo, el balance fue positivo, pues ayudamos a varias familias a cambiar su estilo de vida.

Uno de los proyectos se llevó a cabo en el pueblo de los padres de la mujer de Ravi, donde invertimos en una tiendecita de reparación de bicicletas. Una tarde, su suegro quiso invitarnos a ver cómo iba el negocio por el que habíamos apostado. Para mí era una situación muy incómoda, pero él insistió en que no pasaba nada. Visitamos el pueblo, y me invitaron a tomar té a su casa. Y allí estaba, sentada en el porche con los padres de la esposa de Ravi (que, obviamente, sabían de nuestra relación), ¡preguntándome si el té estaría envenenando! (aunque suene fuerte, no es la primera vez que cosas así suceden en India, no creo que con extranjeros, pero sí entre ellos). Por suerte, los suegros de Ravi son muy buenas personas, y me acogieron con cariño y respeto. ¡Aun así le pedí no volver más!

Esta experiencia con Swawalambi me abrió los ojos de nuevo a una realidad que ya conocía: aunque queramos ayudar a las personas, si no están preparadas para ayudarse a sí mismas, da igual el esfuerzo, amor y tiempo que invirtamos. Todos tenemos un proceso vital diferente, y un destino que debemos afrontar. Aceptar esto me ayudó a entender que mi intención era lo que contaba, y que la vida debía de seguir su rumbo para que cada uno tuviera su aprendizaje. No servía de nada enfadarse, o frustrarse.

Nosotros hicimos lo que el corazón nos dijo, y eso era lo que tenía que importarnos.

Finalmente, al cabo de cuatro años, cerramos la ONG.

Tras seguir sintiendo que no debía estar en la cafetería, hablé con la directora del colegio y le ofrecí, a cambio del visado que me había gestionado, dar clases de español a los niños durante el resto del año. Invertiría menos horas, pues sería voluntario, y así tendría tiempo de dedicar energía a los otros dos proyectos, porque, sin anunciarme, la gente empezó a contactar conmigo para que les ayudara a montar sus viajes a India. A ella le pareció bien mi propuesta ya que creía que para los chavales era una oportunidad de aprender un tercer idioma (además del hindi y el inglés). Estuve unos meses como profesora en el colegio de Ananda, después los cuales decidimos las dos que era mejor buscar otra escuela, pues, aunque tenía allí a sus amigas, no estaba contenta con la educación.

Después de mucho buscar, junto con mi amiga Manuela y su hija Reya, que también deseaban un cambio, encontramos un colegio que nos gustó. En la entrevista con el director, al decirle que era española, me comentó que querían instaurar las clases de español en algunos grupos, y me ofrecí a impartirlas. Nuevamente acordamos horarios y sueldo (que era simbólico), y me gestionaron el visado de profesora por un año. Al acabar el curso dejé el puesto, ya que entendí, finalmente, que la enseñanza no era mi vocación.

El sistema educativo en India es una copia del occidental, ya que fue instaurado por los británicos durante los años de colonización. Hay dos tipos de escuelas: públicas, que dependen del gobierno, son semi gratuitas, e imparten las clases en hindi, y privadas, cuya educación suele ser en inglés. Al haber tanta población en el país, y tener una alta natalidad, hay millones de colegios, cada uno con sistemas educativos diferentes. Por eso, no es fácil decidir una escuela para los hijos. En ese momento de cambio, me planteé volver a la idea original del *homeschooling* o escolarización en casa, pero Ananda prefería ir al colegio.

Esta nueva escuela no era como la anterior. Era bastante grande, con más de 1000 niños y niñas indios. Ananda era la única occidental, pues su amiga Reya, que iba dos cursos por debajo, era de padre nepalí y había nacido en India, con lo que era casi nativa. Por este motivo no se sintió muy acogida en el nuevo colegio, y fue un año muy complicado para ella. Había cumplido 12 años, casi una adolescente, y el cambio no le sentó demasiado bien.

Para facilitar nuestra vida en la ciudad, decidí comprarme una moto de 49 cc. (tipo vespino). Nunca había conducido motos. Tan solo una vez en la vida cogí la vespino de mi amiga Sandra, en mi adolescencia, y se asustó tanto que no me la volvió a dejar. Pero en esta ocasión me lancé a la aventura, y, sin pensarlo mucho, me sumergí en el intrincado tráfico de Varanasi.

Una tarde Ananda llegó a casa llorando. Una profesora del colegio le había pegado porque no había hecho bien una tarea. En India es aún común que en algunas escuelas peguen a los niños, por eso en la entrevista inicial Manuela y yo nos habíamos asegurado de que allí no lo harían. Cuando Ananda me contó lo sucedido, me fui con ella a hablar con el director, que en seguida pidió disculpas por lo sucedido. Al día siguiente, al cruzarme por el pasillo con la profesora en cuestión me lanzó una mala mirada y me dijo: "Creía que éramos compañeras de trabajo". No le respondí, pero cuando terminé mi jornada, las dos ruedas de mi moto estaban pinchadas. Supuse que había sido su modo de vengarse de lo sucedido, pues una de las partes controvertidas de India es el «ojo por ojo». Lo que nosotros entendemos como venganza allí es un modo de devolver a alguien la lección, y de hacerle ver que sus actos (sean o no justificados) tienen consecuencias. Yo acepté mi lección, y ella, la suya.

En otra ocasión, regresando del colegio (que estaba en un barrio de callejones estrechos), al final de la calle un hombre azuzó a una manada de toros y vacas. Habría como unos 15, y, sin darme apenas cuenta, me vi subida en mi moto y rodeada de todos ellos. Empecé a temblar, pues si se asustaban o enfurecían entre ellos, saldría muy mal parada. La gente miraba, pero nadie me ayudaba. Subí una escalerita (con la moto) para colocarme en el soportal de una casa…, ¡y un toro también la subió y se puso delante! Muerta de miedo, esperé a que se bajara, y en un alarde de valentía y supervivencia, aceleré y me abrí paso entre los animales. Cuando salí de allí, todo el cuerpo me temblaba.

Como bien se sabe, los toros y las vacas son sagrados en la India. Andan a su libre albedrío por calles, carreteras, campos, aunque la mayoría tienen dueños. Suelen ser bastante pacíficos, pero hay momentos en que se pelean, y entonces nada se les pone por delante. La gente está muy acostumbrada a ellos, y pasan por su lado sin inmutarse. Sin embargo, nosotras, que procedemos de un país con cultura taurina, en la que nos han enseñado que el toro es un animal muy peligroso y agresivo, les teníamos bastante respeto. Cuando pasábamos por los callejones y había uno impidiendo el paso, yo solía esperarme a que viniera alguien local y le diera un azote en el culo para que se moviera. Me encantan los toros y las vacas de India, pero sigo teniéndoles mucho respeto, a pesar de los años.

Cuando pasábamos los veranos en Europa (España y Grecia) todo eran visitas, atenciones y buenos momentos, que hacían más difícil para Ananda el regreso a India. Durante el año seguía en contacto con sus amigas, a las que echaba de menos. Además, había comenzado la preadolescencia, y sentía que Varanasi no era su lugar. Aun así, teníamos nuestra vida allí establecida y, después de los primeros días, se adaptaba de nuevo y trataba de estar lo mejor posible.

Desde que comencé a trabajar en los viajes, la relación con Ravi se había deteriorado. Mis padres siempre trabajaron juntos, y creo que desde pequeña asumí esto como parte intrínseca de ser una pareja, porque con mis tres relaciones anteriores me pasó igual: me había sumado a su profesión y había dejado de lado la mía. ¿Era esto un patrón aprendido o un juego del destino? (mi ascendente Libra puede que tenga algo que ver también). Pienso que esta vez fueron las dos cosas: el destino echó la baraja y yo acepté la partida. Sin embargo, trabajar con la pareja no es nada sencillo, pues se pierde la objetividad. Los sentimientos se conectan con los problemas laborales, monetarios, materiales. Y al final, cuesta mucho separar los unos de los otros. No voy a decir que trabajar con Ravi fuera un error, pero sí una gran lección. Además, el hecho de pertenecer a culturas tan diferentes tampoco facilitaba la situación, ya que él tenía su modo «a la india» de gestionar la empresa, y yo mi mente occidental estructurada. Aun así, funcionábamos bien, y poco a poco, empezamos a hacernos una clientela.

El mayor reto como empresa surgió a través de una amiga, que nos proporcionó a 60 personas de su trabajo para un viaje de diez días. Sesenta personas en India son muchas personas, pero entre Ravi y yo, y con el apoyo de nuestro representante en Delhi, vivimos esta experiencia que sin duda no podré olvidar. Ananda vino con nosotros y le gustó mucho estar con tantos españoles, que la acogieron con gran cariño. Ahora, después de aquel grupo, ya había recibido mi bautismo como agente de viajes.

Una de las anécdotas más curiosas de este gran grupo fue el trayecto en tren. En India, los trenes están muy mitificados. Todos hemos visto imágenes de vagones indios repletos de gente, incluso en el techo. Es cierto que esto sucede, pero también hay trenes más normales y cómodos en los que se puede viajar con cierta tranquilidad. Cuando le planteé el itinerario al grupo, les dije que haríamos un recorrido en ferrocarril para que vivieran la experiencia, ¡y cundió el pánico! No obstante, les garanticé que lo disfrutarían, y confiaron en mí. Ocupamos casi dos vagones completos de un convoy nocturno, en el que tuvieron que dormir en las literas que están dispuestas para ello. Al finalizar el viaje, casi todos estuvieron de acuerdo en que la experiencia del tren fue la más divertida, y me agradecieron el habérsela ofrecido, ya que normalmente las agencias nunca se aventuran a llevar a grupos tan grandes en el tren. Pero, si para mí había algo importante en los viajes que organizaba, era que las personas que venían con nosotros se empaparan de India lo máximo posible, mezclándose con sus gentes, y participando, en la mayor medida de lo posible, de la vida cotidiana del país.

Otra interesante vivencia con la empresa fue el participar en el Encuentro Eleusino de Fernando Sánchez Dragó en India. De todos es sabido que Fernando amaba India, y en especial Varanasi. Llevaba años sin visitar el país, y quería compartir con sus amigos/seguidores su amor por ese lugar. A través de Álvaro Enterría, el ayudante de Fernando contactó conmigo y nos encargamos de organizar unas visitas a la ciudad. Además, me pidieron que hiciera una presentación a los asistentes acerca del día a día en Varanasi, cosa que realicé con mucho gusto, pues era para mí un honor hablar sobre la ciudad en la que vivía desde hacía años.

El único viaje que hice sola con Ananda en los años que estuvo en India fue a Puri, una ciudad en el este del país. Allí visitamos un lugar remoto en el que nos recibieron con grandes honores, pues era el pueblo de un artista de Varanasi, y nos invitó a visitarlo. Un tuktuk nos recogió en la puerta del hotel, y comenzó a adentrarnos por caminos rurales de tierra, pasando por pueblecitos remotos donde la vida nada tenía que ver con las grandes ciudades a las que estábamos acostumbradas. Tuve, en ese momento, un grato recuerdo de Tanzania. Al llegar al lugar previsto, los chavales y chavalas nos sorprendieron con un espectáculo de baile acrobático que nos dejó impresionadas, y nos invitaron a comer con ellos. Una vez más, me admiró la generosidad de la gente sencilla, que lo da todo sin esperar nada a cambio.

India es un país de grandes contrastes. Al ser tan extenso y rico culturalmente, la vida y costumbres, así como el idioma, difieren mucho de unos sitios a otros. Yo estaba acostumbrada al norte, por lo que en el este todo me llamaba la atención: la comida, los templos, los rituales, incluso el color de la piel de las personas. ¡Viajar por India es tan enriquecedor! Y poco a poco lo fui experimentando por mí misma.

En Varanasi había un lugar que ya ha cerrado que se llamaba «The tree ashram». Lo gestionaba una mujer alemana que llevaba muchos años viviendo en la ciudad y trabajando en una ONG. Allí, ofrecía comidas comunitarias los domingos a las que todo el mundo estaba invitado. La mayoría de las personas que se juntaban eran occidentales, pero también venían algunos indios. Ananda y yo comenzamos a ir unas Navidades, y de vez en cuando nos gustaba asistir a las comidas, ya que era una forma de relacionarse en Varanasi, donde la vida social era escasa. Otra manera de distraernos era ir en verano a una piscina en un hotel de lujo del norte de la ciudad. Pagando una entrada, podíamos pasar allí todo el día en remojo. La temperatura de Varanasi los meses más cálidos puede llegar hasta los 45 grados, así que un poco de agua, aunque no fuera fría, era de agradecer.

A veces tomamos decisiones precipitadas, que hacen que el curso de nuestras vidas cambie por completo. Y eso me sucedió a mí a mediados del año 2017. Tras volver de mi viaje por Puri con Ananda, una conocida española me dijo que Ravi la había estado llamando esos días, y que una noche salieron a cenar. Ella pensó que yo estaría en la cena, pero no fue así. Aunque él no tenía segundas intenciones (o eso me aseguró más tarde), los celos se apoderaron de mí, y esto, unido a que la relación en los negocios seguía siendo complicada, hizo que explotara, y en un arrebato de ira quisiera regresar a España. Sin embargo, a los pocos días me fui calmando, y viendo las cosas desde otra perspectiva. Cambié de opinión: no quería marcharme… No quería abandonar mi casa, mi vida en India, lo que había construido en esos años, y no quería dejar a Ravi. Pero para Ananda escuchar que volveríamos a España fue un alivio. No se sentía bien en el nuevo colegio, apenas tenía contacto con sus anteriores amigas, y seguía echando de menos a las que tenía en España. Entonces comenzó otro conflicto: ¿qué hacer, dejar mi vida y regresar a España a empezar de cero? ¿O no escuchar las necesidades de mi hija y seguir actuando como si nada sucediera? Finalmente, tras varios días de dudas y charlas, las dos decidimos que, durante un tiempo, yo viviría a caballo entre ambos países y ella se iría a vivir con mis padres, quienes aceptaron de buen agrado cuidarla.

Con esta experiencia aprendí que cuando tomamos decisiones vitales en situaciones de estrés, puede que nos equivoquemos, pues la mente está en un estado alterado, y no distingue con claridad. Por eso, ahora sé que es mejor respirar, calmarse, dejar pasar unos días, y después, en frío, escoger. Pero en ese momento mi mundo se vino abajo, y decidí, sin más. Hecho el aprendizaje, supongo que todo esto también formaba parte del plan del destino.

Un día antes de marcharse, le hice una fiesta sorpresa de despedida a la que invité a todos los amigos que habían formado parte de su vida en esos 5 años en India. La recibimos con pétalos de rosa en el patio de la casa donde habíamos vivido durante los primeros años en la ciudad. Fue un momento muy emotivo.

Ananda recogió sus cosas y se despidió de su conejo Snow. El día 22 de marzo del 2017, llevé a mi hija al aeropuerto de Delhi, donde la vi marchar de la mano de una azafata. Nadie más que yo sabe el dolor que sentí en ese momento, pero otra gran lección de desapego estaba en proceso: soltar a la persona que más amaba en el mundo.

Capítulo Diecisiete

Con El Corazón Dividido

Cuando dejé a Ananda en Nueva Delhi cogí un vuelo de regreso a Varanasi. Ravi me estaba esperando en el aeropuerto, y al llegar a mi casa se me cayó el mundo encima. Llevaba 13 años dedicados a esa niña a la que adoraba, y ahora se había marchado de mi lado, había dejado el hogar y mi vida vacíos... y no sabía qué hacer con ellos.

Cuando somos madres, nuestras vidas cambian radicalmente. Dejamos de tener vida propia para consagrarnos a otras personas que se convierten en nuestra extensión. Según van creciendo y volviéndose autónomos, vamos soltando las amarras, pero mientras siguen bajo nuestro techo, por muy mayores que sean, les dedicamos tiempo y atención. Y entonces, un día se marchan, dejando el «nido vacío». Y nosotras nos encontramos de nuevo frente al espejo preguntándonos: ¿y ahora, qué?

Fueron unos meses muy duros para mí. No podía dejar de llorar, no podía dejar de echar de menos a Ananda. Ahora mi vida estaba vacía y tenía que encontrarle un nuevo sentido. ¿Quién era Cristina sin Ananda? ¿Qué le gustaba hacer? ¿A que dedicaría su tiempo si no era a llevarla al colegio, prepararle la comida, salir a pasear de la manita con ella? Mi meditación y mi trabajo de desapego me salvaron en aquel momento tan difícil, porque además ella era feliz en España, y eso era lo que más me importaba.

Como era de esperar, fui muy juzgada por mi decisión por conocidos, familiares y amigos. Nadie comprendía que no me hubiera marchado con mi hija, que la hubiera dejado «abandonada» con mis padres. Entiendo y respeto que cada uno interpretemos las cosas a nuestra manera, y mi forma de verlo y sentirlo era que le estaba dando una oportunidad de vivir su vida, la vida que quería. Le estaba ofreciendo la posibilidad de crear su propio destino, sin soltarle de la mano, ya que, aunque no la tenía cerca, Ananda seguía siendo mi prioridad. No todos los padres nos permiten eso con 13 años. Si tus padres se mudan de un lugar a otro, te guste o no, te tienes que ir con ellos, pues hasta la mayoría de edad, en teoría, no puedes independizarte. Pero entendí que en ese momento Ananda ya no era un bebé. Sus principios y bases estaban ya asentadas, y le dejé alas para volar. De algún modo a esa edad todos empezamos a volar, la única diferencia es que yo estaba un poco más lejos para supervisar el vuelo de mi hija. Y con las redes sociales las cosas habían cambiado. Si esto hubiera sucedido 20 años antes, quizá no hubiera tomado la misma decisión, pero ahora hablábamos a diario por WhatsApp, por Skype, por teléfono. En la distancia, seguía su día a día de a cada momento.

Al llegar a España, entró en un colegio concertado que codirigía mi tía Julia, con la que estuve un verano de mi infancia en el mismo centro. Me pareció bien la idea de que no fuera a una escuela pública recién llegada de India. En este colegio estaría más supervisada, y mi tía y mi primo, que también trabajaba allí, estaban felices de tenerla.

Ananda se incorporó al final del curso que le correspondía durante un par de meses, para adaptarse al ritmo, a la clase, al cambio. Y en seguida estaba integrada. Siempre ha sido muy buena estudiante, y sacó el año sin dificultades. Sin embargo, para mí, superar aquella pérdida fue mucho más duro.

Estaba triste. Intentaba reponerme, pero se me caía la casa encima. Estaba confundida, sola (aunque estuviera Ravi, él no vivía conmigo), y en el mes de mayo, antes de volver a España a pasar el verano, decidí hacer un retiro vipassana.

Como ya mencioné anteriormente, llevaba más de 15 años queriendo hacer ese retiro, y era un buen momento ya que después de todo el torbellino que había vivido en los últimos meses solo necesitaba silencio exterior e interior.

Me fui durante 10 días a Sarnath, a 14 km de Varanasi. El calor en esos meses es sofocante y allí, en medio del campo, todavía más. El cuarto en el que me alojaba era pequeño, y el ventilador solamente movía el aire caliente. Aunque el retiro estaba siendo maravilloso, las noches eran un infierno. Para paliar el efecto de la temperatura, llenaba el suelo de cubos de agua, mojaba la sábana sobre la que me tumbaba, colgaba telas mojadas por toda la habitación, y me dormía con unas gotas cayendo en mi frente y una tela húmeda sobre mi cuerpo.

Recordemos que la meditación vipassana es una técnica que ideó S. N. Goenka, un maestro indio de los años 70/80. Para aprender el método, Goenka estableció estos retiros de 10 días en los que, desde el momento en que entras hasta el día 9, no se puede hablar ni mantener contacto visual con las demás personas. Se dedican más de 14 horas a meditar, intercaladas con periodos de descanso. Las comidas son ligeras y vegetarianas, dos al día. Por la tarde, a las cinco, se toma un snack, y hasta la mañana siguiente a las 7 no se desayuna. La hora de levantarse son las 4 de la madrugada, y a las 9 de la noche se está en la cama. Una disciplina con la que me sentía muy a gusto, si no hubiera sido por el calor sofocante y porque, a los dos días de comenzar, empecé con una diarrea que me duró hasta que volví a casa.

Me gustaba mucho meditar. Y el silencio. Pero a los dos días de estar tantas horas sentada en la posición de meditación me empezó a molestar mi tobillo operado. Se me dormía la pierna y no me dejaba entrar en meditación profunda, así que lo hablé con el instructor, que todos los días en pequeños grupos nos preguntaba cómo iba la práctica. Al contarle mi problema, me dijo sonriente: "Entonces, ponte un cojín más para estar cómoda".

Volví a mi sitio, y con estas simples palabras en mi mente, comencé a llorar. Tanto que me salí de la sala y me encerré en mi habitación. ¿Qué sucedió? Sucedió que, en ese momento, fui consciente de que casi me muero cuando tenía 10 años; sucedió que aquella niña con gangrena en la pierna, asustada mientras la llevaban al hospital, nunca había llorado su dolor, porque las cosas sucedieron muy rápido, y mi niñez me impidió ser consciente de ellas. Sucedió que las palabras del instructor me reconfortaron, y me hicieron darme cuenta de que no importa tener limitaciones, que hay que mimarse y aceptar los impedimentos que la vida nos pueda poner para alcanzar nuestras metas. Lloré, lloré mucho. Lloré por mí, por mis padres que tan mal lo pasaron, lloré por el Dr. Malo que murió sin despedirme de él... Después me sentí mucho mejor, y regresé a la sala a meditar.

Al acercarse el día de salir del silencio, no quería hacerlo. Es tanta la quietud interior que se siente cuando no hablas, cuando permites que el silencio sea tu único compañero. En los retiros vipassana no se admite móvil (como es obvio), ni libros, cuadernos, bolígrafos. Nada que pueda distraer a la mente de lo que tiene que hacer: entrenarse para alcanzar la paz.

Para mí el silencio siempre ha sido un gran aliado. Estar en silencio me ha ayudado, a lo largo de mi vida, a ordenar mis ideas. Durante mi tiempo en India, cuando vivía situaciones que me desbordaban, hacía uno o dos días de silencio, en los que me comunicaba con Ananda con mensajes escritos. Después del retiro Vipassana, seguí utilizando estos periodos de silencio si los necesitaba, y siempre me han dado buen resultado, pues parece que, en la quietud de la mente, los problemas encuentran sus propias soluciones.

El día que salimos del silencio fue una fiesta para las mujeres indias (todas mayores menos una chica muy joven) que estaban haciendo conmigo el retiro. Celebramos haberlo conseguido, nos hicimos fotos, nos contamos nuestras vidas (pues compartes espacios con personas de las que no sabes nada, hasta que puedes hablar), y nos despedimos con alegría. Fue una experiencia maravillosa que, sin duda, repetiré en algún momento.

La primera vez que volví a India desde España, después de la marcha de Ananda, me resultó muy extraño hacerlo sin ella, pero se quedaba feliz (aunque triste por la despedida). Hablábamos mucho, y entendía mi decisión de seguir allí, al igual que yo entendía la suya de vivir en España. A pesar de estar muy unidas, mi hija y yo nos amamos y nos respetamos como seres independientes, y eso es lo más importante.

En ese verano de 2017 renuncié a mi puesto de trabajo en el equipo de apoyo para personas con enfermedad mental.

Continúe con los viajes, y cada uno era una aventura, pues conocía personas nuevas con las que convivía durante 15 días, atendiendo sus necesidades, y acompañándolas en su descubrimiento de un país tan fascinante y único como es India. Me encantaba pasar tiempo con ellas, charlar, compartir. Gracias a los viajes, entraba en contacto con gente fantástica, y eso me hacía sentirme profundamente afortunada. Recibí, además, a personas muy especiales, como mi amiga Yolanda, de mi época en Fresnedillas, o Pilar, la mujer que me cuidó siendo pequeña.

Había encontrado a Pilar unos años antes. Cuando trabajó en mi casa ella tenía unos 16 años. Recuerdo, aunque debía de tener alrededor de 6 o 7, que cuando se marchó para mí fue muy duro, pues me sentía muy unida a ella. Por eso, nunca acepté a las otras cuidadoras que llegaron después. Obviamente, le perdí la pista, pero aún conservaba un par de fotos suyas que guardaba con especial cariño. Tras la muerte de Paris decidí que quería encontrar de nuevo a esa mujer que me había cuidado y de la que, seguramente, había aprendido muchas cosas, ya que a esa edad es cuando los niños hacen su aprendizaje más fuerte y Pilar, de alguna manera, había sido una parte importante de mi crianza.

Le pregunté a mi madre por ella, pero solamente se acordaba de su nombre y sus dos apellidos. Me metí en Google y busqué. En ese tiempo Facebook aún no estaba tan de moda, así que no encontré nada. Introduje sus datos en una página de búsqueda de personas con un mensaje breve y mi número de teléfono, y me olvidé del tema. Pasado más de un año recibí una llamada de una chica que me dijo que era su hija, y que había visto un anuncio diciendo que la buscaba. Me hizo muchísima ilusión, y quedé un día con Pilar en casa de mis padres: me sorprendió ver cómo nos recordaba a todos, incluso a mis tíos, abuelos, primos... Desde entonces mantuvimos el contacto, y siempre que tenía algún evento en Madrid para presentar mis viajes, ella venía.

Así que para mí fue muy especial tenerla en India, pues me había cuidado cuando era pequeña, y ahora quería cuidarla yo. Me encontré con una mujer fuerte, amable, sencilla y... ¡a la que no le gustaban las verduras! Y entendí por qué a mí tampoco me habían gustado hasta que cumplí más de 22 años y empecé a probarlas. Y es que, en la vida, todo está conectado. Esa es la ley de la interdependencia de la que habla el budismo, y que explica cómo todos y todo estamos interconectados de una manera consciente o inconsciente, de modo que lo que nos sucede no es producto del azar, sino de uniones que no percibimos a simple vista, y que pueden haberse dado en esta vida, o incluso en vidas pasadas. A día de hoy, mirando atrás, tengo claro que Pilar no estaba ahí sin más, sino que fue el destino quien me la trajo de nuevo para aprender un poco más de mí.

A pesar de estar muy enfocada en mi trabajo, notaba la ausencia de Ananda. Sin embargo, me di cuenta de una cosa: ahora el tiempo que les dedicaba a cada uno de mis amores (Ravi y ella) era de calidad. Cuando estaba con ellos era al 100%, y eso me gustaba. Poco a poco fui haciendo mi nueva rutina, y empecé a encontrar mi lugar como Cristina una vez más. Pero, aun así, nunca dejé de sentir que tenía el corazón partido, pues cada uno de ellos se encontraba en una parte del mundo, y ambos amores no eran compatibles.

Con el fin de ampliar la oferta de viajes en grupo, diseñé uno muy bonito: la ruta del Valle del Ganges, en la que recorreríamos tres ciudades sagradas por las que fluye este río, desde el norte, cerca de los Himalayas, hasta Varanasi. Para conocer bien la ruta, Ravi y yo nos fuimos a Rishikesh y Haridwar, dos cuidades del norte del país, una semana. Disfrutamos mucho de descubrir nuevos lugares, de bañarnos en un Ganges limpio y caudaloso, de la montaña, del aire puro. Alquilamos una moto y nos movimos por aquellas carreteras de montaña visitando templos, pueblos y parajes naturales. Un viaje que siempre recordaré. Unos meses después, en un programa de televisión de España copiaron mi idea. A decir verdad, me sentí un poco molesta por el plagio, pero más tarde solté el apego a la ruta, dejando que llegara a quien tuviera que llegar. A fin y al cabo, ¿qué es lo que realmente poseemos?

Aunque trabajar en turismo no entraba en mis planes, la vida me puso esa profesión delante y la tomé. Recuerdo que a veces me veía a mí misma caminando por las calles, explicando la cultura a personas que no conocía, y pensaba: "¡Quién me lo iba a haber dicho! Yo, enseñando India". Era una reflexión muy reconfortante.

Y como la agencia estaba funcionando, le propuse a Ravi hacerlo más legal y ponerla también a mi nombre, ya que quería tener mi visado en regla para aquello que hacía. Así que, a finales del 2017 creamos Sangha Tourist Services, y me convertí en empresaria... ¡Yo! Nunca lo hubiera imaginado. Tampoco me sentía empresaria, pues nuestro negocio era pequeño y lo llevábamos entre los dos, pero la realidad es que tengo la mitad de una empresa a mi nombre. Cómo juega el destino con nosotros...

Desde que mi hija se volvió a España pasaba más temporadas allí. Iba dos o tres veces al año, pues consideraba primero, que era mi responsabilidad estar con ella, y segundo, que estaba en una edad complicada en la que necesitaba apoyo.

Mi relación con Ravi mejoró de nuevo al marcharse Ananda. Podía dedicar más tiempo a estar con él, aunque nuestras rutinas no variaron especialmente. Ravi era un hombre muy espiritual, con buenos principios. Le gustaba ir a los templos, así que muchas tardes esa era nuestra distracción: ir a alguno de la ciudad, tomar un chai, y volver a casa.

Como ya he dicho, Varanasi no es una ciudad para la diversión, sino más bien para la práctica espiritual. Pasear a orillas del Ganges al amanecer, tomarme un te sentada en las escaleras de un ghat, eran algunas de las pequeñas cosas que me hacían más feliz. Muchas personas me preguntaban, (y lo siguen haciendo) qué es lo que más me gusta de India, y quizá es eso: la sencillez, la pureza de la vida, que se muestra tal y como es. Es verdad que, como ya señalamos, no toda la India es igual. Hay urbes más modernas, como Delhi o Bombay, donde se vive casi del mismo modo que en los países occidentales, pero aun así conservan una esencia, un poso que se respira en el ambiente, en las gentes. Aunque no tenía cerca a mi hija, y seguía doliendo, estaba donde sentía que tenía que estar, y eso me daba paz.

Ravi conocía a muchos sadhus en Varanasi. Uno de ellos, Muni Baba, era un hombre santo de 110 años que vivía en un pequeño templo a las afueras de la ciudad, cerca del Varuna, el otro río que delimita Benarés. A veces íbamos a visitarle, y nos sentábamos un rato en silencio con él. Estaba ya muy ciego, y apenas oía. Cuando comenzamos con los viajes culturales, en la jornada del hinduismo las viajeras se interesaban por el mundo espiritual de India, y, dependiendo de la energía del grupo, Ravi les ofrecía ir a visitar a Muni Baba. En una ocasión en que estábamos allí, el sadhu le dijo a su ayudante que nos pidiera dinero como donativo. Es verdad que siempre que íbamos nos ofrecían *prasaad* (comida bendecida), pero esa vez a mí me sentó mal que nos pidieran rupias. Se lo comenté a Ravi, cuestionando a Muni Baba: ¿qué clase de sadhu pide dinero? Si es de verdad, no debería hacerlo (en Varanasi hay miles de personas que, bajo el disfraz de la espiritualidad, ejercen la mendicidad). Él guardó silencio. Al cabo un de tiempo volvimos con otro grupo y al despedirnos, Muni Baba le dijo a su ayudante: "Dale a cada uno 5 rupias". ¡No lo podía creer! Ahora era él el que nos estaba ofreciendo dinero. Ravi no le había dicho nada de mi comentario, así que nunca más dudé de la santidad de Muni Baba. Murió con 112 años.

Cuando no teníamos grupos de viajeros, hacía recorridos guiados por Varanasi. Era un trabajo sencillo y agradable, que me permitía disponer de tiempo libre y, a la vez, tener algunos ingresos extras. Solía llevar a los visitantes a ver el amanecer en barca, a visitar los templos más emblemáticos de la ciudad, o a recorrer los callejones del casco antiguo, llenos de tiendecitas, de puestos de comida... y de monos.

Los monos en India son algo agresivos. Suelen ser babuinos, aunque hay una raza autóctona llamada langur que es más pacífica, pero en Varanasi no se les solía ver. Andan libremente por la ciudad, saltando en los tejados, robando comida o ropa de las terrazas y los puestos de la calle, o simplemente tomando el sol en una azotea. En una ocasión, iba con una pareja de turistas por las callecitas del centro y, entonces, a él le cayó algo en el hombro. Pensamos que había sido una persona desde lo alto de una casa, pero no, ¡un mono había lanzado una piedra! Por suerte no le pasó nada, solo el golpe.

Otra vez llevé a una pareja a visitar el templo de Hanuman, el dios mono, uno de los más antiguos de la ciudad. En su recinto hay cientos de babuinos que campan a sus anchas. Íbamos caminando por uno de los pasillos, cuando sentí un dolor horrible en el gemelo de la pierna izquierda... ¡uno de ellos me había mordido! Afortunadamente, era pequeño y los colmillos no traspasaron del todo el pantalón, lo que evitó que tuviera que correr a ponerme la vacuna de la rabia, que, además de dolorosa, necesita varias dosis. Eso sí, me duró el moratón casi 20 días, y fue cambiando de color: de rojo a morado, a verde, a amarillo... Cuando se viaja por Asia, hay que tener cuidado con los primates, ya que llaman nuestra atención por lo exótico, pero no son del todo fiables.

En otra ocasión, acompañé a una chica de unos 25 años, holandesa, que iba a quedarse en Varanasi un periodo de voluntaria, a hacer un pequeño recorrido por el norte de India. El viaje con Elga no fue fácil, pero estuve muy relejada. Ella no confiaba en nadie, se sentía enferma todo el tiempo, lloraba... Tuve que llevarla a un médico en Agra, y a un hospital en Delhi para que le mirasen un dolor en el oído, que finalmente le dijeron que había sido producto del estrés. Cuando llegó a Varanasi no pudo resistirlo y se volvió a su país, y es que India no es para todo el mundo. Hay personas que la amamos profundamente, igual que hay personas que no pueden soportar el ruido, la gente, la forma tan distinta de vivir... Hay una frase de la película *El Exótico Hotel Marigold* que me gusta mucho y dice que «India es un insulto para los sentidos», y así es.

Con Paz Luz Amor en el Ashram de Los Beatles, Rishikesh, India

En la segunda visita de mí ya amiga Paz Luz Amor (mi primera viajera solitaria) estuvimos cuatro días en Rishikesh, al norte de India, donde suelen ir los practicantes de yoga de todo el mundo a recibir clases. Por allí pasa el Ganges, fluyendo entre las montañas, con un color verde esmeralda y una fuerza formidables. Paz y yo nos bañamos en el río varias veces, paseamos por las playas, subimos a una cascada en la que nos dimos un baño increíble, vimos el ashram (monasterio) en el que se alojaron Los Beatles, y tuvimos un incidente muy divertido.

En el hotel, que yo ya conocía de ocasiones anteriores, nos dieron la mejor habitación. Una noche estábamos viendo una película y escuchamos un ruido que dejó de oírse al encender la luz. Esto sucedió dos o tres veces, pero como no veíamos nada extraño, nos fuimos a dormir. Sin embargo, ya medio dormida escuché un sonido como de papel de aluminio, y en el entresueño pensé que Paz estaba tomándose alguna pastilla, y me dije: "*¿Pero cuantas pastillas se va a tomar?*". Así que le pregunté y me dijo que no era ella… Entonces le dimos al interruptor y la vimos: una rata enorme estaba debajo de la cama comiéndose un trozo de pan envuelto en papel de aluminio.

Las dos nos pusimos en busca y captura de la rata, pero no la veíamos por ninguna parte. Desmontamos la habitación entera, incluida la cama. Eran las 2 de la madrugada. Salimos a buscar a alguien del hotel, pero allí no había nadie y hacía frío, pues era noviembre en plena montaña. De modo que, ante la duda de si seguía en el cuarto…, ¡decidimos dormir en la calle! En una especie de porche del hotel había dos tumbonas, así que nos sacamos el edredón de plumas, nos echamos los forros polares, y allí debajo de las estrellas a los pies del Himalaya, nos dormimos con una sonrisa en los labios.

¿Qué puedo decir de Paz Luz Amor? Su nombre lo dice todo: se lo puso su padre al nacer y no pudo elegir mejor. Es un ser de luz que llegó a mi vida, y que por suerte sigue en ella. Pasé a su lado unos días tan enriquecedores, que tendría que haber sido yo quien le pagara por estar allí.

Desde que tenía 13 años he escrito diarios y prosa, pero la poesía ha sido siempre mi gran pasión. Recuerdo que, en el colegio de monjas, algunas niñas me pedían que les compusiera poemas para sus «novios» y yo, en plan trovadora, me inventaba versos de amor. A lo largo de mi vida he tenido épocas más inspiradas y otras menos, bien por las circunstancias o simplemente porque no necesitaba escribir. No obstante, cuando volví a India a principios de 2018, después de pasar las navidades en España con Ananda y mi familia, era todo inspiración: los poemas fluían por mi cabeza sin parar, y comencé a enseñárselos a Paz Luz Amor. Ella se emocionaba con ellos, y me animó a que los publicara, a que los compartiera con otras personas.

Al compartir el resultado de nuestra creatividad y formas de expresión con los demás, no solo mostramos una parte de nosotros mismos, sino que también podemos aligerar la carga de la existencia para quienes nos rodean. Todos estamos en este viaje juntos, enfrentando las mismas alegrías y desafíos de la vida. Desde esta perspectiva, el arte se convierte en un puente que une nuestras experiencias y nos ayuda a comprendernos mutuamente en un nivel más profundo.

De modo que poco a poco retomé el blog que tenía en Internet, y abrí una página en Facebook de poesía. Muchísimas personas que no sabían que escribía se sorprendieron, y también me animaron a publicar. Y fue así como abordé a Fernando, director de la Editorial Mandala, a quien conocía pues él había editado todos los libros de Nuria y durante un tiempo estuvimos muy en contacto. Hacía mucho que no hablábamos, pero me animé a preguntarle. Y al hacerle la propuesta de publicar un poemario me dijo que sí, que recopilara mis poemas y que le llamara cuando estuviera en España.

A través de una persona que viajaba a India, mi madre me hizo llegar algunos de los poemas que había escrito durante el año 2000 y 2001, y me puse a pasarlos al ordenador para tener toda mi obra recopilada. Además, me apunté a un taller de poesía online para aprender un poco más.

Al volver a España unos meses después, terminé con la labor de recopilación: más de 500 poemas que registré y de los que después escogí 180. Mi amigo Pablo, al que había conocido en España en la empresa con la que trabajé en el campo de la salud mental, me ayudó con la segunda selección, y tras un largo esfuerzo, envié a Fernando lo que sería mi primer poemario, un recopilatorio de poemas escritos desde mis 13 años hasta ese momento: *En Versos Sin Tiempo*. En cuanto a la portada, mi buen amigo, el pintor Enrique Suja, me cedió uno de sus cuadros. Así que, sin haberlo pensado mucho, estaba a punto de publicar un libro.

Para mí la poesía siempre había sido algo mío, y no pensé que pudiera llegar a otras personas. Se dice que la poesía es «el lenguaje del alma», pues nace de sentimientos que vienen de muy hondo y no siempre son fáciles de compartir con el mundo. Mi poesía es sencilla, cercana, y habla de temas diversos, como el amor, la espiritualidad, la muerte. Ver publicado mi libro fue una experiencia única. Aunque me sentía expuesta, al haber abierto mi corazón al público, me resultó bastante gratificante darme cuenta de que a las personas que leían mis versos les llegaban de manera profunda. Unos meses más tarde del lanzamiento del poemario hice una presentación en un pueblo de las afueras de Madrid.

Había continuado viajando a Grecia casi todos los veranos. La última vez que fui fue en el verano del 2019. En esta ocasión acompañada por Yolanda, Héctor, otra amiga y Ananda. ¡Qué viaje más bello! Ir con ellas me dio la oportunidad de revivir muchos momentos de mi pasado allí. Fuimos de nuevo a Voliones, el pueblo en el que nació mi hija, les llevé a la iglesia que había pintado Paris, visitamos a personas muy queridas que nos recibieron con los brazos abiertos, les enseñé nuestra casa en la montaña (o todo lo que pude de ella, pues ahora pertenece a las ratas y los murciélagos del lugar) y pasamos unos días preciosos al lado de Caroline y Marianna, nuestras amigas de Creta.

Aunque hasta el momento todas mis vivencias con el turismo habían sido muy positivas, en ese verano del 2019 recibí a un grupo de estudiantes de yoga de Guadalajara, que vinieron junto con su profesora, a la que había conocido un año antes, y con la que creía tener una buena relación. Sin embargo, las cosas no funcionaron entre nosotras durante el viaje, y cada día se convirtió para mí en un desafío casi de supervivencia. Por suerte, la mayoría de las mujeres que formaban el grupo me apoyaron, lo que les agradecí de corazón, pues en muchos momentos quise tirar la toalla. Pero logré llegar hasta el final, y traté de aprender también de aquella difícil experiencia. Cuando se marcharon, decidí volver a España a descansar y desconectar. Iban a ser solamente 15 días, pero era suficiente para no dejar pasar tanto tiempo sin ver a Ananda.

Desde que me fui a India la primera vez en 2012, siempre que me marchaba de Madrid mi abuelito solía decirme: "Bueno, cuando vuelvas la próxima vez, seguramente ya no esté aquí". Y yo respondía: "Ni se te ocurra morirte sin mí, que voy a por ti y te traigo de vuelta". El día 28 de septiembre bajé a ver a mi abuelo. Ahora lo cuidaba una nueva mujer, y no estaba muy contento con el cambio. Tenía 100 años y 7 meses, y estaba cansado de seguir viviendo, aunque le daba mucho miedo morir. Aquella tarde, estuvimos un buen rato hablando sobre el pasado, sobre la vida y sobre la muerte. Mi tío llamó mientras estaba con él, y le dije que no le veía bien, que lo notaba bastante decaído y falto de ganas de vivir; parecía ser que llevaba así ya un tiempo. Le dejé cenando. Antes de marcharme la chica que le atendía nos hizo una foto. Al salir de su casa, le escribí un poema pidiéndole que se marchara sin miedo, pues estaba cansado de luchar, y me subí a casa de mis padres.

Cuando llegué les dije que creía que el abuelo se iba a morir, y ambos me dijeron que no, que estaba como siempre. Puesto que yo llevaba meses sin verle, no sabía si era así, pero mi intuición me decía que el final estaba próximo. Después de cenar, mi tío llamó por teléfono para decir que el abuelo se había caído al suelo al ir a levantarse al baño, y que no se encontraba bien. Mi padre y yo bajamos inmediatamente. Cuando nos presentamos, ya estaba en la cama, respirando con mucha dificultad y muy nervioso. Había otros parientes en la casa, pues eran las fiestas patronales de Villamantilla. Nada más llegar me senté a su lado, y mientras los demás lidiaban con el tema de la ambulancia, yo me puse a acariciar a mi abuelo, a hablarle al oído bajito, a decirle que no tuviera miedo, que estábamos todos con él allí. La ambulancia tardó mucho en llegar, ya que habían cortado el pueblo por las fiestas. Pero no hizo falta que corriera: cogido de mi mano, acariciándole su pelo y hablándole suavemente, dejó su cuerpo físico. Informé a la familia de que ya no respiraba. Mi abuelito, mi héroe, mi gran amor, se había marchado entre mis brazos, tal y como lo había soñado. Me había esperado.

Tengo que decir que la de mi abuelo Félix ha sido la pérdida de una persona que me ha resultado más difícil. No pude estar presente en la muerte de mis otros tres abuelos, y la marcha de Paris, aunque fue muy dura, me llegó en otras circunstancias vitales, en las que empleé la energía en mi hija, que tenía 4 años. Ahora había perdido a mi querido abuelo, la persona que formaba el primer recuerdo de mi vida, la que me había enseñado tanto. Le escribí muchos poemas, algunos de los cuales publiqué en mi segundo libro, *Con La Voz Del Alma*, cuya portada está ilustrada por un precioso cuadro del Ganges, regalo de mi amigo Rafael Torres.

Y una vez más nos encontramos con los juegos del destino: si aquel viaje de agosto no hubiera sido tan doloroso, quizá no habría tenido la necesidad de ir a España, y no habría estado al lado de mi abuelo en su último momento. Sin embargo, todo se dio de manera que ambos, él y yo, pudiéramos despedirnos. Y es que lo que a veces creemos que nos perjudica, puede terminar llevándonos a lugar donde tenemos que estar. Por eso, para mí es importante prestar atención a las señales que la vida me va mostrando, y que, hasta el día de hoy, me han ido guiando a lo largo de este camino.

A mi regreso a India hice un viaje que siempre había querido realizar: el sur. La hermana de Yolanda quería que le organizáramos un viaje para su grupo de yoga, y Ravi y yo nos fuimos a conocer el lugar y establecer contactos. Cuando llegué a Auroville, una pequeña cuidad al sur este de India, no podía parar de llorar. Era como si ese lugar me llamara, como si hubiera estado ya allí. Sentí una conexión muy profunda con el sitio. Nos recibieron unos amigos que habíamos conocido en Varanasi, y que se habían trasladado hacía un tiempo con sus hijos.

Auroville es un lugar especial dentro de India. Se trata de una comunidad que fue creada en 1968 por el Maestro Sri Aurovindo y una mujer francesa llamada Mirra Alfassa, más conocida como La Madre. La idea inicial era crear un lugar en el que la gente viviera en paz, en armonía, más allá de cualquier creencia política o religiosa, cultivando su interior en un entorno natural. Una especie de utopía en la que el dinero y las propiedades privadas no serían el principal motor de la sociedad, y en la que todos los miembros de la comunidad tendrían los mismos derechos y deberes. Tal utopía se hizo realidad gracias al esfuerzo de muchas personas de India y de occidente, que se trasladaron a vivir allí de manera permanente. Hasta este momento, Auroville es una especie de autonomía, donde la legislación y normas son diferentes a las del resto del país. Pasamos unos días preciosos disfrutando de la comida, y de la belleza del sur (que es completamente distinto al norte), y pude ver a Ravi bañándose en el mar por primera vez a sus 51 años.

Un mes más tarde, volví con los estudiantes de yoga y Paloma, su profesora. Nunca había hecho un viaje en grupo sin Ravi, y la experiencia me gustó, ya que, a pesar del tiempo que llevábamos trabajando juntos, mi ritmo y el suyo eran muchas veces incompatibles. Ravi llevaba su propio horario y rutinas, que no cambiaba, aunque hubiera un compromiso con el grupo con el que viajáramos. Esa falta de coordinación no se había resuelto, lo que provocaba algunas discusiones entre ambos. Pero nuestra relación era sólida, y aunque se dieran desavenencias, formábamos un buen equipo.

Desde que comenzamos con la agencia, además de viajeros en grupo muchas personas de diferentes ámbitos se habían puesto en contacto con nosotros para contar con nuestros servicios: desde directores de documentales, hasta solitarios en búsqueda personal, o fotógrafos profesionales o amateur.

A finales de 2019, recibimos a un hombre de Murcia que quería hacer un reportaje de fotografía para una exposición. Nos pidió visitar lugares no turísticos de la ciudad, para poder captar imágenes que no fueran habituales. En esos días una amiga de Madrid, Mari Carmen, estaba pasando conmigo unos días en casa. Junto con el fotógrafo y Ravi, que nos hizo de guía, recorrimos monasterios, escuelas tradicionales de brahmanes y templos que hasta entonces no había conocido, pero sin duda la visita más insólita fue al campamento de los monjes *aghori* al otro lado del Ganges.

Los *aghori* son una de las sectas, o grupos de practicantes, más extremos del hinduismo. Debido a algunas de sus prácticas se les ha catalogado de «caníbales», lo que ha hecho que cientos de turistas se sientan atraídos por estos hombres vestidos de negro, que suelen vivir cerca de los crematorios, y van cubiertos de cenizas. ¡Pero los *aghori* no son caníbales! Este grupo religioso trata, a través de su práctica espiritual, de romper con los conceptos que nos determinan a decidir lo que es bueno y lo que es malo, demostrando que todo está en la mente, y que tanto un exquisito manjar como un trozo de caca no son nada en sí mismos. Dentro de una de sus prácticas de iniciación, se les invita a comer algún trozo de carne humana que haya quedado tras la cremación, como prueba de superación de los preconceptos mentales. Se trata de un momento sagrado, y no de una práctica habitual de los *aghori*. Pero claro, para los occidentales romper esa barrera es casi imposible de imaginar, de ahí la gran atracción que suscitan.

Junto con el fotógrafo y Ravi, Mari Carmen y yo fuimos al campamento. A pesar de que siempre había visto su tienda en frente del crematorio principal de la ciudad, nunca había surgido visitarles. Cruzamos con una barca a la otra orilla, y de manera muy respetuosa Raví les pidió permiso para hacer unas fotografías. Nos invitaron a sentarnos en el interior de la tienda, donde estaba el maestro principal del grupo, que nos recibió con un semblante muy serio. Nos sentamos en el suelo, y lo que vimos a nuestro alrededor no nos dejó indiferentes: había un collar de calaveras humanas colgadas de la pared a modo de mala o rosario, y en el centro de la tienda un agujero en la arena para la ceremonia del fuego, rodeado también de cráneos. De las paredes colgaban fotos y póster de la diosa Kali (diosa de la Muerte en el hinduismo) y del dios Shiva (dios de la muerte y la vida). A pesar del entorno, no nos sentimos incómodas en ningún momento, aceptando lo que veíamos como parte de una experiencia única. Después de unas fotografías, nos marchamos de allí agradecidas.

Cuando volví a España esas Navidades sentí la tensión en casa de mis padres. Ananda tenía ya casi 16 años y ellos no podían comprender sus necesidades de adolescente, a pesar de que ella no era una niña rebelde. Así que en esta ocasión volverme a ir no fue fácil en absoluto, pues entendí que me necesitaba más que nunca a su lado, y que su educación no era responsabilidad de sus abuelos. Pero, por otro lado, no tenía nada en España. Me había marchado hacía 8 años, y en India tenía una agencia de viajes que funcionaba, y que me permitía vivir y cubrir los gastos de mi hija en España, un hogar y una pareja. Y la opción de que Ananda se viniera conmigo era inviable. Una vez más, la vida me ponía en una encrucijada, y debía tomar una decisión.

Así que desde que volví a India no paré de darle vueltas a qué debía hacer, y tras casi un mes de reflexión, finalmente hablé con Ravi y le dije que iba a volverme a España para estar con Ananda. La idea era vivir en Madrid, seguir con los viajes y llevar grupos a India dos o tres veces al año. Él se encargaría de la parte logística, y yo compaginaría la estancia en ambos países, dando prioridad a mi hija. A él le pareció bien, pues siempre respetaba mis decisiones y me apoyaba, sabiendo que si era lo que sentía que quería hacer, sería lo más adecuado.

Reservé mi viaje de regreso a España para el 28 de marzo (corría el año 2020). En el tiempo que pasé allí en Navidad ya se escuchaban noticias sobre el Covid en Europa. El virus había empezado a extenderse en diciembre en China, aunque en ese momento no se sabía muy bien qué pasaba, solo que los chinos habían construido un hospital en dos días, y que mucha gente estaba muriendo. A principios de marzo, las fronteras internacionales comenzaron a cerrarse, y me cancelaron el vuelo. Había tomado mi decisión de volver, pero ahora salir de India no dependía de mí...

Capítulo Dieciocho

Y Llegó La Pandemia

Los primeros días de ese mes de marzo fueron complicados. Todos los días se escuchaban noticias de cómo diferentes países del mundo confinaban a la gente: Italia, España, Francia... Muchos extranjeros y turistas quisieron volver a sus hogares, pero ya no pudieron. Miles de vuelos eran cancelados cada día.

Mientras esto sucedía en el resto del mundo, en India aún la vida seguía, más o menos, su normalidad. Pero yo intuía lo que iba a ocurrir, y en mi afán por volver junto a mi hija, me compraba vuelos que salían aleatoriamente y que, en cuestión de horas, se iban cancelando. Cuando le hablaba a Ravi de la posibilidad de que nos encerraran también a nosotros, me decía que allí no pasaría eso, y que, si sucedía, se quedaría conmigo. El 22 de marzo, el primer ministro de India decretó el toque de queda, y Ravi se fue a su casa con su familia. No volví a verle hasta 45 días después.

Me quedé sola en mi casa de Varanasi. Cada día las horas se hacían eternas. Además, la idea de que el mundo estuviera «en pausa», y de que a Ananda o a mi familia les pasara algo y no pudiera estar cerca, me producía mucho vértigo, que no siempre sabía gestionar, aunque traté de meditar más de lo que solía hacer a diario para calmar esa ansiedad que sentía.

Ocupaba mi tiempo paseando de arriba abajo por el pasillo del patio, leyendo, viendo películas o haciendo videollamadas con familiares y amigos. La casa estaba en un bajo, y el no tener un horizonte al que mirar me hacía sentirme aún más encerrada. En esos días de soledad escribí muchas historias que llegaban a mi mente como destellos de inspiración, y que me permitían, un rato cada día, olvidarme de la situación que estábamos viviendo y adentrarme en mundos de fantasía. Más tarde publicaría estos relatos en mi primer libro de narrativa, *La Máquina De Escribir Y Otros Relatos*. Para la portada un amigo ilustrador que había conocido en Varanasi, Josep Rodes, que también pasó allí el confinamiento, hizo un precioso dibujo de una mujer a orillas del Ganges escribiendo a máquina.

La creatividad es una herramienta maravillosa. Nos ayuda a expresar lo que sentimos de modos muy diversos, y se convierte en una especie de meditación. Cuando estamos creando, la mente está enfocada tan solo en lo creado, permitiéndonos sentir, sin más, el momento presente. Creo que todas las personas son creativas por naturaleza, pero unas están conectadas en mayor medida con ese don, y otras, en cambio, tienden a ser más pragmáticas. En aquel periodo de confinamiento, la creatividad de muchos salió a flote como modo de supervivencia, y las redes se llenaron de ideas ingeniosas que la gente publicaba. Yo me inventé un juego en Facebook que hice todas las tardes durante unos días. Pedía a mis seguidores que me escribieran una palabra cada uno en los comentarios; cogía las 10 primeras, y con ellas hacía un poema que luego compartía. Salieron cosas curiosas y divertidas. Una forma más de crear, y ocupar el tiempo.

Hablaba a diario con Ananda y mis padres. Ellos estaban pasando lo que el resto del mundo: un confinamiento. Para los adolescentes fue un momento especialmente duro, pues en la plenitud de su vida, tuvieron que frenar y quedarse alejados de su entorno, que pudieron mantener de algún modo gracias a las redes sociales. Y Ananda también lo sufrió: a días lo llevaba bien, y en otras ocasiones me llamaba angustiada, pero yo poco podía hacer entonces desde la distancia, más que entender su malestar.

Celebrando el festival de Holi unos días antes
del confinamiento en Varanasi, India

Cada día intentaba encontrar el modo de salir de India, pero nadie nos daba respuesta, ni las autoridades competentes, ni las compañías aéreas. Después de más de 25 días de confinamiento, el Gobierno de España fletó un vuelo de repatriación. Aunque hablé con el consulado para marcharme en él, no me dejaron, ya que, según me dijeron, era para turistas, y yo tenía mi residencia en India. No sabían si se iba a llenar, y, ante mi insistencia, me dijeron que si quería me fuera a Delhi y si quedaban plazas me subiera al avión. Pero, ¿cómo iba a arriesgarme? Había que ir a Delhi en coche (más de 10 horas), con permisos especiales, y si no había una plaza para mí, me quedaría allí encerrada, sin un lugar donde estar. Decidí esperar y quedarme en casa.

Tengo que admitir que, dentro de lo malo, yo no estaba tan mal. Tenía mi espacio, mis caseros se preocupaban de mí, y Ravi seguía en la ciudad, lo que me hacía sentirme segura pues sabía que, si me ocurría algo, él acudiría. Pero muchos turistas que se quedaron atrapados en el país pasaron situaciones terribles, encerrados en habitaciones, sin apenas comida y sin saber cuándo podrían volver. Escuchábamos historias espeluznantes, y me consta que hubo mucha gente que sufrió.

Tras mucho luchar, a finales del mes de mayo de 2020, conseguí un vuelo para repatriados indios que salía de Delhi a recogerles a Madrid. Ya no estábamos confinados, pero solamente nos permitían salir a la calle unas horas al día, por lo que pude despedirme de Ravi y de mi amiga Manuela, que se quedaba allí. También me despedí del Ganges y de la cuidad.

Decir adiós a Ravi fue muy difícil. Llevábamos 8 años como pareja, le amaba profundamente, y no sabía cuándo volvería a verle. Sin embargo, él siempre se mantuvo sereno y trató de tranquilizarme, asegurándome que seguiríamos juntos, y que aquello sería algo temporal.

Llegó el momento de decidir qué hacer con mi casa. Casi todos los extranjeros que vivían de manera más permanente en la ciudad se habían marchado, y tampoco sabía por cuanto tiempo estaría fuera, aunque quería creer que sería más bien poco. Confiaba en que pronto la pandemia pasaría y me permitiría volver a mi hogar y seguir con mis planes de vivir a caballo entre India y España. Así que recogí un poco la casa, empaqueté lo necesario, y con el corazón roto partí de Varanasi un 28 de mayo.

Y fue en ese preciso momento cuando mi vida se vino abajo: pareja, trabajo, todo lo que había construido despareció de la noche a la mañana y yo, con 47 años y sin saber qué sería de mi futuro, volvía a España dejando atrás a mi amada Madre India.

Un duro trabajo más de desapego se presentaba ante mí.

En aquel avión de regreso el sueño se desvaneció. Ahora, ya nada volvería a ser lo mismo.

Y sentí que, nuevamente, me quedaba en brazos del destino.